Dépôt légal 1er trimestre 1989
ISBN : 2-7289-0019-1

JÉSUS CHRIST RACONTÉ AUX ENFANTS

par Claude et Jacqueline LAGARDE
et illustré par Pierre-Henri BOUSSARD

mame

Introduction

Très jeunes, les enfants nous posent des questions incessantes sur la mort, sur Dieu et sur Jésus, sur le ciel... questions parfois embarrassantes. Ces enfants sont curieux : ils cherchent. Plus âgés cependant, la source semble se tarir : adolescents, « ils savent ». Leur recherche religieuse sombre souvent dans une indifférence étrange : repus de savoir ? Etonnant renversement qui interpelle parents et éducateurs.

Le péché, d'après Genèse 3,5-7, est entré dans le monde par le savoir. Jésus le rappelle (Jn 9,40). Celui qui croit tout savoir ne cherche plus ; il se suffit à lui-même et s'enferme : c'est l'enfer. La foi, elle, est accueil, ouverture active à l'irruption de Dieu dans la méditation et la prière, dans le quotidien de la vie : une « anti-indifférence » !

« Jésus Christ raconté aux enfants » présente les évangiles comme des paraboles à décrypter, du sens à chercher, une question à méditer et à prier. Le cœur du « rébus évangélique » est un homme comme tout le monde, « un parmi des milliards » (Jean Paul II), ou selon Luc 4,22, Jésus de Nazareth, le fils de Joseph. Devant lui, on s'interroge : « Qui est-il celui-là ? » (Mc 4,41). D'aucuns proclament : « C'est le Fils de Dieu, le Fils de l'homme, l'Agneau ou le Berger, le Juste, le Serviteur souffrant, le Messie... ou tout simplement « c'est le Seigneur ». Pourquoi tant de titres ? Ne pourrait-on pas le dire simplement « grand homme » ? Toutes ces appellations sont des confessions de foi, fruits de la méditation chrétienne faite à la lumière des Ecritures.

Toute confession de foi est reconnaissance, cette sorte de savoir qui grandit de l'intérieur : mûrissement d'une recherche, chemin obscur sur lequel jaillit le cri : « Mon Seigneur et mon Dieu » (Jn 20,28). La connaissance des évangiles est Vie et non le savoir d'une vie de Jésus qui dispenserait du décryptage et de la prière.

L'ANCIEN TESTAMENT

« Dieu, personne ne l'a jamais contemplé » (1 Jn 4, 12), personne ne l'a jamais vu. Et l'on dit pourtant que Jésus est Dieu. N'est-ce pas une prétention ahurissante marquée d'une impossibilité radicale ? En effet, comment affirmer qu'un homme est plus qu'un homme ? Comment le reconnaître comme Dieu, si on ne sait rien de lui ? Certes, la Résurrection est un fait troublant, mais croire à un tel événement relève de la fantaisie quand on a les pieds sur terre. Les apôtres n'auraient-ils pas été victimes d'une hallucination ? De toute façon, pour pouvoir le reconnaître, il faut d'abord l'avoir connu, ce qui n'est pas notre cas.

Erreur ! L'acte de reconnaissance est possible aujourd'hui à cause de l'Ancien Testament. Ce fut déjà celui des apôtres qui, à partir des Ecritures, proclamèrent que Jésus est Dieu. Sans l'Ancien Testament, il n'y aurait pas eu d'évangiles. Au siècle de Jésus en effet, les Juifs auscultent les vieux textes de leur tradition et les confrontent à l'actualité. Ils attendent le Messie promis et ils cherchent comment et quand la promesse de Dieu s'accomplira. Ils ont conscience qu'elle ne va pas tarder à se réaliser : le Messie est-il cet homme qui prend la tête d'une révolte armée pour délivrer de l'oppression romaine ? Est-il ce Jean-Baptiste ou « faut-il en attendre un autre ? » (Lc 7,19). Tous cherchent. Tous décryptent. Tous prient et la référence ultime et unique qui préside à la reconnaissance est toujours l'Ancien Testament. Il n'y en a pas d'autres aujourd'hui comme hier. Jésus Christ n'a pas été confessé en dehors des Ecritures. Sans elles, il serait dit « grand homme », sans plus.

L'Ancien Testament est devenu, par les évangiles, le langage fondamental de la prière des chrétiens, le langage de l'Eglise. Ses images, ses récits, ses symboles sont les matériaux de la liturgie et des sacrements. Ils nous permettent de proclamer et de contempler Jésus avec tous les titres que nous connaissons. Notre Credo fait de même : « Il ressuscita le troisième jour conformément aux Ecritures. »

Tous les textes d'évangiles, sans exception, ont un poids d'Ecriture, soit par référence directe aux prophètes, soit par allusion. Les souvenirs sur Jésus ont été ainsi lestés d'Ancien Testament ; ils ont même pris parfois la forme d'une histoire de Moïse, d'Elie, de Salomon, de Samuel ou de Samson... Les récits de la Passion eux-mêmes sont truffés de versets de psaumes. Cet étrange travail de la foi est là pour montrer que tout l'Ancien Testament crie Jésus comme l'Accomplissement de la Promesse de Dieu, comme le Messie annoncé. Ainsi pouvons-nous à la fois le confesser et le prier.

Tout nouveau chrétien devrait s'initier à la méditation des Ecritures, à cette recherche et cette contemplation, à l'apprentissage de la reconnaissance. C'est la tâche de la catéchèse, l'œuvre de la communauté chrétienne. Mais que l'enfant est parfois loin d'une telle approche des évangiles, d'un tel investissement des images bibliques !

LE DILEMME

A la fois innocent et marqué profondément par la culture ambiante, l'enfant entend les évangiles comme une vie de Jésus, à la manière de l'histoire de France. Il fait ici comme partout ailleurs, il enregistre et « il sait ». Nous connaissons la suite, parfois le rejet, souvent l'indifférence. C'est le destin de toute culture religieuse. Mais les temps changent et il se peut que l'adolescent ignore aujourd'hui ce que nos grands-mères savaient, l'histoire sainte, ce savoir imagé. En effet, pour qu'il ne rejette pas l'Ecriture, on lui a souvent tu les « historiettes » bibliques : néfaste censure qui, confisquant les images de base, tue la recherche qui ne peut se faire dans le vide et appauvrit dangereusement le langage de la prière et des sacrements.

Les images mentales les plus actives sont acquises avant six ans. Mais donner des récits bibliques à de jeunes enfants risque de les fixer définitivement sur l'anecdote comme sur une vie de Jésus. En revanche, l'absence d'images est un vide de langage et la mort de l'intelligence de la foi : aucune confession de foi n'est possible sans le support des représentations. Le tout est d'apprendre à les dépasser.

Le dilemme se résout facilement si l'on considère l'enfant dans son développement : il y a en effet un âge pour toute acquisition, celui où l'on emmagasine des images actives, celui où on les associe et on les compare, celui où on leur confère un relief spirituel, celui enfin où l'on se les rapporte à soi pour en vivre. Ainsi l'anecdote se dépasse-t-elle par étapes. « Jésus Christ raconté aux enfants » a été créé pour permettre un tel dépassement.

LE LIVRE

« Jésus Christ raconté aux enfants » est le contraire d'une vie de Jésus bien qu'il mette en scène un maximum d'images évangéliques. Il est divisé en neuf catéchèses, deux de Matthieu, trois de Marc, trois de Luc et une de Jean. Elles expriment chacune un aspect du mystère pascal, mais il faut le décrypter.

La disposition des textes incite à la recherche. Le livre débute avec la parabole du semeur et se termine avec le récit des mages tiré de saint Matthieu. Cette présentation originale est renforcée par le fait que la finale de sept des catéchèses est une parabole. Voilà le jeune lecteur convié à réfléchir et à découvrir que l'Evangile dans son ensemble est parabole et prière.

Comme pour « l'Ancien Testament raconté aux enfants », les peintures sont beaucoup plus que des illustrations qui renforceraient le côté anecdotique des récits. Soit qu'ils évoquent les Ecritures, soit qu'ils suggèrent la mort et la résurrection du Seigneur. Que les enfants les regardent donc attentivement et même les méditent !

La seconde partie du livre n'est pas pour les enfants, tout au moins pas avant l'adolescence. Elle a été écrite pour aider des adultes à mieux entrer dans le décryptage et la contemplation de Jésus Christ à travers des récits évangéliques. Mais l'enfant ne doit pas recevoir ces explications : qu'il cherche lui-même. Accompagnons-le dans cet effort de réflexion sans vouloir brûler les étapes.

MODE D'EMPLOI

1) Lisez d'abord le texte. Comparez-le avec celui de votre Bible. Reportez-vous ensuite aux notes. Faites les rapprochements indiqués avec l'Ancien et le Nouveau Testaments, *d'abord au niveau concret des images,* ensuite seulement au plan abstrait du sens. Vous entrerez ainsi dans le langage de la confession de foi et comprendrez mieux la réflexion des enfants qui partent toujours des images pour réfléchir.

2) Sélectionnez ensuite deux ou trois récits bibliques ayant des ressemblances concrètes avec le récit évangélique que vous voulez proposer aux enfants. Reportez-vous éventuellement à « l'Ancien Testament raconté aux enfants » si vous ne vous sentez pas capables de les retranscrire simplement.

3) Racontez le passage d'évangile. Que les enfants ensuite dessinent, peignent, miment, créent des images à leur façon. Ils se les approprient ainsi. Huit jours plus tard — et *ce délai est nécessaire* — qu'ils racontent librement l'histoire en se corrigeant mutuellement. N'ayez pas peur des tâtonnements et des redites. N'exigez pas tout de suite la bonne chronologie.

4) Quand les enfants ont retrouvé l'ensemble du passage dans le bon ordre, racontez-leur alors l'un des récits bibliques que vous avez choisis ! Qu'ils se l'approprient comme le précédent. La fois suivante, qu'ils vous disent ressemblances et différences. Ils y ajouteront même toutes les autres histoires qui ont un rapport avec celle-ci. Ces opérations sont un premier dépassement de l'anecdote.

De récit en récit, vous avancerez ainsi dans la Bible, en ayant préservé la capacité créative de l'enfant et l'avenir de sens des récits.

5) A partir de neuf-dix ans, vous verrez apparaître les premiers « décollages » quand vous ferez parler les enfants. Ils vous diront de mieux en mieux : « c'est pour nous faire comprendre quelque chose » et vous expliqueront même ce « quelque chose ». Par exemple, que Jésus est mieux qu'Elie, qu'il est plus fort que la mort, qu'il enlève la lèpre c'est-à-dire le mal, qu'il nous fait voir la lumière, comme pour l'aveugle... Ainsi font-ils leur entrée dans le sens spirituel : nouvelle étape.

6) De temps en temps, que ces récits soient utilisés pour dire Dieu dans une célébration. Qu'ils soient accompagnés d'une prière fabriquée par les enfants à partir des images et des symboles bibliques. N'hésitez pas à faire preuve ici d'une grande directivité : les enfants peuvent même dire le sens spirituel avant de le comprendre. Ils feront plus facilement le décryptage par la suite. Si la communauté de prière ne confessait pas publiquement sa foi, la catéchèse échouerait. Les enfants cherchent mieux s'ils voient des chrétiens prier avec les évangiles, car ils se disent « il y a une raison » et ils la cherchent.

Soyez directifs,
mais non explicatifs,
et surtout soyez patients !

TÉMOIGNAGE

Prenez le risque d'ouvrir ce livre et vous verrez !
Pour ma part, je témoigne : je vois naître et renaître.

Les évangiles, trop souvent traités comme le récit des événements de la vie de Jésus de façon matérialiste et moralisante, deviennent une reconnaissance du Fils de Dieu annoncé, préfiguré, mais qui a surpassé et bouleversé toute attente. Le Jésus de l'histoire n'est plus dissocié du Christ de la foi. Les adultes comme les enfants, découvrent que l'Ancien Testament conduit à pénétrer le secret du Nouveau : Jésus Christ.

Nous voyons les enfants savourer les récits bibliques, opérer des rapprochements quand ils commencent à les connaître. Nous les voyons peu à peu passer au sens théologique : Jonas, Jésus, la tempête apaisée ; Noé et Jésus ; David entrant à Jérusalem... je n'en finirais pas... Ils ne répètent rien, ils cherchent, ils perçoivent, ils découvrent, ils disent.

Le Dieu que nous cherchons se découvre un peu plus de séance en séance. Chaque catéchèse, qui s'inspire de la progression proposée, se travaille, se médite, est célébrée et prend corps en quatre à cinq semaines, au rythme du développement des enfants.

Cette manière de faire, qui n'est pas une « méthode », bouleverse profondément nos habitudes : nouvelle attitude devant la Parole, regard neuf sur l'enfant en développement, véritable mutation pédagogique. C'est un effort assez considérable qui est demandé à chacun, mais quelle mobilisation en revanche ! Le nombre des catéchistes va croissant, la catéchèse n'est plus du domaine exclusif des pratiquants du dimanche : hommes et femmes s'y mettent. Quant aux enfants, ils sont gagnants. Ils s'expriment avec leur corps tout entier dans des équipes vivantes. Ils acquièrent peu à peu un esprit de recherche. Ils célèbrent et ils prient selon ce qu'ils découvrent : « Ces histoires, ces mots, ces chiffres, ces « codes secrets »... sont peut-être pour nous faire comprendre quelque chose... » Ils commencent à découvrir des « clés » pour entrer dans les célébrations paroissiales autrefois assez incompréhensibles. Quel acheminement vers la perception de la symbolique sacramentelle ! Les parents se sentent concernés par cette nouvelle attitude de leurs enfants qui, même, continuent la catéchèse après les quatre années « officielles » ! Ils se mettent en route eux aussi.

Cette parole de Dieu que nous apprenons à dire en catéchèse pénètre la vie de notre communauté : des équipes d'adultes naissent avec les groupes d'enfants, connaissance mutuelle, services rendus, amitié se développent, la Parole de Dieu en est le ciment. La Parole, le Verbe prend vie. La communauté naît, grandit, vit, elle porte témoignage alentour et d'autres se mettent au travail à leur tour !

Prenez le risque d'ouvrir ce livre — la Bible — avec les enfants et vous verrez : l'affirmation de saint Jean prend du relief dans notre communauté « Et le Verbe s'est fait chair. »

Jean MAZARETTE
Curé doyen de Moret sur Loing

LE SEMEUR MALADROIT

Jésus arriva dans le pays de Galilée. Il était au bord du lac et il parlait aux gens. Une grande foule l'écoutait. Il disait en paraboles :

« Ecoutez. Le semeur est sorti pour semer. Une partie du grain est tombée sur le chemin. Elle n'a pas pu pousser : les oiseaux l'ont mangée. Une partie est tombée sur les cailloux. Elle n'a pas bien poussé, il n'y avait pas assez de terre. Elle a levé, mais le soleil a tout grillé. Une partie du grain est tombée dans les épines. Elle n'a pas bien poussé : les épines l'ont étouffée. Une autre partie est tombée dans la bonne terre. Elle a très bien poussé. Les grains ont donné beaucoup de fruit en grandissant. Ouvrez vos oreilles et vous entendrez ! »

Jésus disait aux hommes la parole de Dieu. Il ne parlait qu'en paraboles.

La multiplication des pains

Un jour, Jésus partit tout seul en barque dans un lieu désert. Il était loin. Alors les gens quittèrent leur ville. Ils partirent à pied chercher Jésus. Le Seigneur vit cette grande foule quand il arriva de l'autre côté. Il eut pitié de ces pauvres gens. Il guérit leurs malades. Le soir venu, les disciples s'approchèrent. Ils lui dirent : « Il est tard maintenant. Renvoie les foules

chez elles. Elles n'ont rien à manger. » Jésus leur dit : « Non, donnez-leur vous-mêmes à manger. » Les disciples répondirent : « Nous n'avons ici que cinq pains et deux poissons. » Jésus dit alors : « Apportez-moi ces cinq pains et ces deux poissons. » Il fit asseoir les gens par terre. Il prit les pains et les poissons. Il dit la bénédiction à son Père. Il rompit les pains et les donna. Ses disciples nourrissaient les foules. Elles mangèrent autant qu'elles voulaient. Après cela, on ramassa douze paniers remplis de morceaux.

Jésus marche sur les eaux

Aussitôt après, Jésus obligea ses disciples à monter sans lui dans la barque. Le soir venu, le Seigneur était seul sur une haute montagne. Il était loin des hommes et des villes. Là, il priait.

Les disciples, eux, étaient seuls dans la nuit, au milieu de la mer. Les vagues secouaient la barque. Le vent soufflait en tempête. Il repoussait la barque en arrière.

Le matin, de très bonne heure, le Seigneur vint vers ses disciples en marchant sur les eaux. Ils le virent. Ils se dirent : « C'est un mort qui revient. » Ils eurent très peur et crièrent. Mais Jésus leur dit : « N'ayez pas peur. Je Suis. » Pierre lui répondit : « Seigneur, si c'est vraiment toi, dis-moi de venir vers toi sur les eaux. — Viens », lui dit Jésus. Pierre descendit de la barque. Il marchait sur les eaux. Soudain, il vit les vagues et le vent. Il eut très peur. Alors il commença à couler. Il cria : « Sauve-moi, Seigneur, je coule. » Alors Jésus lui tendit la main et lui dit : « Homme de peu de foi, tu ne crois pas assez. »

Quand le Seigneur monta dans la barque avec ses disciples, le vent tomba. Alors les disciples se mirent à genoux devant Jésus. Ils priaient et disaient : « Seigneur, tu es vraiment le Fils de Dieu. »

La barque arriva de l'autre côté de la mer. Les gens du pays reconnurent Jésus. Ils lui amenaient tous les malades. Jésus les guérissait.

La petite fille guérie

Tout le monde cherchait Jésus pour être guéri. Les pharisiens de Jérusalem n'étaient pas contents de cela. Ils disaient aux disciples : « C'est nous qui avons la vraie parole qui guérit. Ce n'est pas vous. Partez d'ici. » Alors Jésus quitta le pays pour aller chez les païens.

Une femme païenne sortit de sa maison. Elle criait : « Seigneur, Fils de David, aie pitié de moi. Ma fille est très malade. Enlève-lui son mal. » Jésus ne disait rien. Il se taisait. Alors les disciples s'approchèrent de Jésus. Ils lui demandèrent : « Seigneur, guéris sa fille. » Jésus répondit : « Non, je suis venu pour sauver seulement les enfants malades du peuple d'Israël. » La femme l'entendit. Elle courut et se jeta à genoux aux pieds de Jésus. Elle pleurait et disait : « Seigneur, aie pitié de moi. » Jésus lui dit : « Les petits chiens ne doivent pas manger le pain des enfants. » La femme répondit : « Seigneur, les petits chiens mangent les miettes qui tombent de la table. » Alors Jésus s'écria : « Femme, que ta foi est grande ! » Aussitôt sa fille fut guérie.

Les pharisiens de Jérusalem apprirent cela. Ils dirent à Jésus : « Si tu viens du ciel, montre nous un signe du ciel. » Jésus leur dit : « Hommes méchants. Le soir, quand le ciel est rouge, vous savez qu'il fera mauvais temps. Le matin, quand le ciel est rouge, vous savez qu'il fera beau temps. Vous connaissez bien les signes du ciel et vous m'en demandez un. Eh bien, je ne vous donnerai que le signe de Jonas. » Ils ne comprenaient rien. Jésus se retourna et partit. Il les laissa seuls.

La brebis perdue

Jésus disait : « Un homme a cent brebis. Un jour, il en perd une dans les montagnes. Il laisse alors les quatre-vingt-dix-neuf autres seules. Il part chercher sa brebis perdue. Il parcourt longtemps les montagnes et la retrouve enfin. Il la ramène dans sa maison. Cet homme a plus de joie avec sa brebis retrouvée qu'avec les quatre-vingt-dix-neuf autres. C'est comme votre Père qui est aux cieux. Il ne veut pas perdre un seul de ses petits enfants. »

Le bon grain menacé

Jésus disait : « Le Royaume des cieux est comme un homme qui a semé du bon grain dans son champ. Une nuit, alors que les ouvriers dormaient, son ennemi est venu. Il a semé de la mauvaise herbe dans le champ. Puis il s'est enfui. Quand le blé a poussé, la mauvaise herbe aussi a poussé. Les ouvriers ont dit au maître : « N'as-tu pas semé du bon grain dans ton champ ? D'où vient la mauvaise herbe ? — C'est un ennemi qui l'a semée. — Veux-tu que nous l'arrachions ? — Non, leur dit le maître, vous arracheriez aussi le bon blé. Laissez pousser les deux ensemble jusqu'à la moisson. Cet été, je dirai aux moissonneurs : ' Ramassez d'abord la mauvaise herbe et brûlez-la dans le feu. Ensuite cueillez le bon blé et mettez-le dans mon grenier '. »

Les disciples s'approchèrent de Jésus. Ils lui demandèrent : « Que veut dire cette parabole ? Pourquoi l'as-tu racontée ? » Jésus leur répondit : « Ouvrez vos oreilles et vous comprendrez. »

Le prêtre muet

Zacharie était un très vieux prêtre. Sa femme s'appelait Elisabeth. Elle était aussi très vieille. Le prêtre et sa femme n'avaient pas eu d'enfant et ils étaient tristes. Ils avaient pourtant prié Dieu toute leur vie pour en avoir.

Ce jour-là, le prêtre Zacharie était dans le grand tabernacle de Dieu qui est dans le temple de Jérusalem. Il faisait fumer l'encens pour Dieu. Le peuple priait dehors.

L'ange du Seigneur apparut à Zacharie. Il était à droite de l'autel. Quand Zacharie le vit, il eut très peur. Mais l'ange lui dit : « Ne crains rien. Dieu a écouté ta prière. Ta femme Elisabeth va avoir un fils. Tu l'appelleras Jean. Il deviendra un grand prophète. Il sera rempli de l'Esprit-Saint. »

Le prêtre Zacharie dit à l'ange : « Je suis vieux et ma femme aussi. Donne-moi la preuve que nous aurons un fils. » L'ange lui répondit : « Je suis Gabriel qui reste toujours en face de Dieu. Puisque tu ne crois pas, tu vas perdre la parole. »

Les gens attendaient à la porte du tabernacle. Le prêtre devait dire au peuple une parole de Dieu, mais il ne sortait toujours pas. Soudain la porte s'ouvrit et Zacharie sortit. Il faisait de grands signes, mais il ne disait rien. Il était muet.

Le prêtre Zacharie revint chez lui. Sa femme Elisabeth était heureuse d'attendre un enfant. Elle remerciait Dieu.

La parole de Marie

Marie, une jeune fille, habitait à Nazareth dans le pays de Galilée. Elle était fiancée à Joseph. L'ange Gabriel lui apparut et dit : « Je te salue Marie, pleine de grâce, le Seigneur est avec toi. » Marie eut très peur. L'ange reprit : « Je suis Gabriel. Mon nom veut dire ' Dieu fait naître '. Tu

vas avoir un fils. Tu l'appelleras Jésus. Il sera roi comme David son père. Il sera roi pour toujours. » Marie dit à l'ange : « Ce n'est pas possible. Je ne suis pas mariée. » L'ange lui répondit : « Ne t'inquiète pas, l'Esprit-Saint viendra sur toi. Dieu sera son père et l'enfant sera appelé Fils de Dieu ». Alors la jeune fille se mit à chanter : « Je suis la servante du Seigneur. Que Dieu fasse ce qu'il veut. »

Marie courut chez le vieux prêtre Zacharie. Elle entra chez lui. Aussitôt Elisabeth fut remplie de l'Esprit-Saint. Elle poussa un grand cri et dit à Marie : « Tu es bénie entre toutes les femmes, et Jésus, ton bébé, est béni aussi. »

Marie dit alors :
« Je chante le Seigneur.
Mon cœur est dans la joie.
Je suis pauvre
et il m'a regardée.
Il a renversé les forts,
élevé les petits.
Il a donné du pain
à ceux qui n'en ont pas.
Il s'est souvenu de la promesse
qu'il fit jadis à Abraham. »

La naissance de Jean

Elisabeth, la vieille femme, mit au monde un fils. Les voisins vinrent voir le bébé. Ils disaient : « Le Seigneur est grand ! » Il fallait donner au bébé le même nom que son père : Zacharie. Mais Elisabeth s'écria : « Mon fils s'appellera Jean. » Tout le monde disait : « Mais ce n'est pas le nom de son père. » Alors Zacharie écrivit sur une tablette : « Son nom est Jean. » Aussitôt il retrouva la parole et il remerciait Dieu. Rempli de l'Esprit-Saint, il chantait :

« Béni soit le Seigneur, Dieu d'Israël.
Il a visité son peuple
comme il l'avait promis.
Et toi, petit enfant,
tu seras appelé ' prophète du Seigneur ',
tu marcheras devant la lumière,
le Soleil du matin,
qui éclaire l'ombre de la mort. »

Le premier-né

César commanda : « Comptez tous les habitants de la terre. » Chacun devait faire inscrire son nom dans la ville de sa famille. Alors Joseph quitta Nazareth. Il partit avec Marie pour Bethléem sa ville. Marie attendait son bébé. Arrivée à Bethléem, la ville du roi David, elle mit au monde son fils premier-né. La maison était pleine. Il n'y avait plus de place dans la grande salle. Marie enveloppa l'enfant dans des langes. Elle le coucha dans la crèche au milieu des animaux.

Il y avait de pauvres bergers dans le pays. Ils vivaient dans les pâturages. La nuit, tour à tour, ils veillaient sur leur troupeau. Soudain l'ange du Seigneur leur apparut. La lumière de Dieu les enveloppait. Les bergers eurent très peur. Mais l'ange leur dit : « Ne craignez rien. Je viens vous dire une grande joie pour le peuple. Un sauveur est né. C'est le Christ, le Seigneur. Allez à Bethléem, la ville du roi David. Vous verrez un grand miracle : un bébé comme tous les bébés. Il est enveloppé de langes et couché dans une crèche. »

Aussitôt le ciel fut rempli d'anges. Ils chantaient : « Gloire à Dieu au plus haut des cieux. Paix sur la terre aux hommes qu'il aime. »

Les bergers se dirent : « Courons à Bethléem. Allons voir ce qui vient d'arriver. » Ils trouvèrent Marie, Joseph et le bébé couché dans la crèche.

Partout, ils disaient ce qu'ils avaient vu et entendu. Ils racontaient ce que Dieu avait promis. Tous ceux qui les écoutaient étaient dans la joie. Quant à Marie, elle gardait ces souvenirs dans son cœur. Elle cherchait à comprendre ce que Dieu faisait.

La lumière du monde

Joseph et Marie montèrent au temple de Jérusalem. Ils devaient offrir un sacrifice à Dieu pour l'enfant premier-né, comme c'était écrit dans la loi du Seigneur.

Un très vieil homme vivait à Jérusalem. Il s'appelait Syméon. Il priait sans arrêt dans le temple. Dieu lui avait dit : « Tu verras le Sauveur avant de mourir. »

Il vit venir Joseph et Marie avec le bébé. Poussé par l'Esprit-Saint, il se leva. Il prit l'enfant dans ses bras. Il remercia Dieu et chanta cette parole : « Maintenant, Seigneur, je peux mourir en paix. Mes yeux ont vu la lumière qui éclaire le monde entier. »

Puis Syméon dit à Marie : « Cet enfant fera tomber beaucoup de monde en Israël. Une épée te transpercera le cœur. »

Joseph et Marie revinrent à Nazareth en Galilée. L'enfant grandissait et se remplissait de la sagesse de Dieu.

La sagesse de Dieu

Chaque année, Joseph et Marie allaient à Jérusalem pour la fête de Pâque. Mais l'enfant Jésus restait à la maison car il était trop jeune. Quand il eut douze ans, ses parents montèrent avec lui à la fête.

Après la fête, ils revinrent à Nazareth. L'enfant Jésus, lui, resta à Jérusalem, mais ses parents ne le savaient pas. Ils le croyaient avec d'autres qui marchaient derrière eux. Au bout d'une journée, ils se mirent à le chercher mais ne le trouvèrent pas. Il n'était pas là. Ils retournèrent alors à Jérusalem.

Le troisième jour, ils le trouvèrent dans le temple. L'enfant Jésus était assis au milieu des maîtres du temple. Il les écoutait et leur posait des questions. Ces maîtres du temple étaient étonnés de son intelligence et de sa sagesse. Dès que ses parents le virent ils furent bouleversés. Marie lui dit : « Mon enfant, pourquoi as-tu fait cela ? Ton père et moi, nous te cherchions partout. » Jésus leur dit : « Pourquoi me cherchiez-vous ? Je dois être chez mon Père. » Mais eux ne comprirent pas cette parole.

Le rocher

Jésus disait : « Venez à moi. Ecoutez mes paroles. Mettez-les en pratique. Vous serez alors comme cet homme-ci. Il construit sa maison. Il creuse. Il creuse profond dans la terre et il trouve le rocher. Il fonde sa maison par dessus. Les eaux bondissent. Le torrent surgit et bouscule tout, mais la maison tient bien. Elle était bâtie sur le rocher. Venez à moi. Ecoutez mes paroles. Si vous ne les mettez pas en pratique, vous serez comme cet homme-là. Il ne creuse pas. Il construit sa maison sur le sable. Les eaux bondissent. Le torrent surgit et bouscule tout. C'est un grand malheur : la maison s'est écroulée. »

Le père et les deux fils

Jésus disait : « Un homme avait deux fils. Le plus jeune dit à son père : « Donne-moi ma part d'argent. » Le père la lui donna. Le fils partit alors pour un pays lointain. Il gaspilla tout son argent : il n'en avait plus.

Une grande famine s'abattit sur le pays. Le fils eut très faim. Il gardait les cochons du pays et on lui donnait peu à manger. Il aurait bien voulu les glands que les cochons mangeaient, mais personne ne pensait à lui.

Le fils se dit alors : « Les ouvriers de mon père mangent du bon pain tous les jours. Moi, je meurs de faim. Je veux revenir chez mon père. Je lui dirai 'J'ai péché contre le ciel et contre toi. Prends-moi comme ouvrier chez toi.' »

Le fils partit et marcha vers son père. Comme il était encore loin, son père le vit. Il courut vers lui et l'embrassa. Le fils lui dit : « Père, j'ai péché contre le ciel et contre toi. Je ne mérite plus d'être appelé ton fils. Prends-moi comme ouvrier chez toi. »

Le père dit à ses serviteurs : « Apportez vite le plus bel habit, une bague en or et des chaussures. Tuez le veau gras. Mangeons et faisons une fête. Mon fils qui était mort est vivant maintenant. Il était perdu, il est retrouvé. » Et la fête commença.

Le fils aîné revint des champs. Il entendit la musique et les danses. Il demanda : « Pourquoi cette fête ? » On lui répondit : « C'est ton frère qui est revenu. » Alors le fils aîné se mit en colère. Il refusa d'entrer. Son père sortit et lui dit : « Entre, mon fils. » Mais lui ne voulait pas. Il disait : « J'ai toujours été un bon fils et tu n'as jamais fait de fête pour moi. Son père lui dit : « Mon fils ! Toi, tu es toujours avec moi. Tout ce qui est à moi est à toi. »

Le bon Samaritain

Un homme connaissait bien la vieille loi. Il demanda à Jésus : « Qui est mon prochain ? »

Jésus lui répondit : « Un homme descendait de Jérusalem à Jéricho. Des brigands l'attaquèrent. Ils le frappèrent et lui volèrent tout ce qu'il avait. Puis ils s'enfuirent, en le laissant à demi-mort.

Un prêtre passa par là. Il vit l'homme, mais continua sa route car il y avait du sang. Un lévite du temple passa à son tour. Il vit l'homme, mais continua sa route car il y avait du sang.

Un Samaritain qui était en voyage arriva près de l'homme. Il le vit et eut beaucoup de peine. Il s'approcha, essuya le sang, lui mit des pansements et le chargea sur son âne. Il le conduisit à l'auberge et s'occupa de lui. Le lendemain il donna de l'argent à l'aubergiste. Il lui dit : Occupe-toi bien de lui. Quand je repasserai par là je te paierai ce que tu auras dépensé en plus. »

Jésus regarda l'homme qui connaissait la vieille loi et lui dit : « A ton avis, quel est le prochain de l'homme tombé aux mains des brigands ? »

Pêcheurs d'hommes

Jésus marchait dans le pays de Galilée. Il arriva au bord de la mer. Il vit des pêcheurs qui jetaient leurs filets. C'était Pierre et André son frère. Jésus les appela : « Suivez-moi », leur dit-il. Aussitôt ils lâchèrent leurs filets et marchèrent derrière Jésus. Un peu plus loin, Jean et Jacques son frère étaient avec leur père dans leur barque. Ils arrangeaient leurs filets. Jésus les appela : « Suivez-moi », leur dit-il. Aussitôt ils quittèrent leur père et partirent.

La force de Jésus

Jésus alla avec eux dans la ville de Capharnaüm. C'était le sabbat, le septième jour de la semaine. Il entra dans la synagogue. Il disait tout haut la parole de Dieu. Tout le monde était étonné parce que personne n'avait jamais parlé comme lui.

Il y avait dans la synagogue un homme malheureux. Un esprit mauvais était entré en lui et le tenait prisonnier. L'esprit mauvais criait : « Quel mal nous veux-tu, Jésus de Nazareth ? Sors d'ici. Nous le savons, tu es le Saint de Dieu. »

Alors Jésus le menaça. Il dit : « Tais-toi, esprit mauvais. Sors de cet homme. » Aussitôt l'esprit secoua l'homme avec force. Il sortit en poussant un grand cri. Tous les gens avaient peur. Ils disaient : « Elle est forte la parole de Dieu. Elle commande même aux esprits mauvais et ils lui obéissent. »

Après cela, Jésus entra dans la maison de Pierre et d'André son frère. La belle-mère de Pierre était au lit. Une grave fièvre était entrée en elle. Jésus s'avança près du lit de la malade. Il lui prit la main et lui dit : « Lève-toi. » Aussitôt la fièvre quitta la femme et elle les servait. Elle est forte la parole de Dieu, elle guérit.

Le soir et le matin

Le jour finissait, le soleil était couché et la lumière avait disparu. C'était le soir. On amenait à Jésus une foule de malades et de pauvres gens prisonniers des esprits mauvais. La ville entière attendait devant sa porte. Jésus guérit beaucoup de malheureux. Il chassait les esprits mauvais. Il leur disait : « Taisez-vous. Ne dites surtout pas qui je suis. »

Le matin, bien avant le jour, Jésus se leva. Il quitta le pays et partit seul dans un lieu désert. Là, il priait. Pierre et ses compagnons partirent à sa poursuite. Ils le cherchaient partout, mais ne le trouvaient pas.

Quand ils le trouvèrent, ils lui dirent : « Tout le monde te cherche. » Le Seigneur leur dit : « Allons dans les autres villes. Je dois leur dire la parole de Dieu. Elles aussi, elles ont le droit de l'entendre. C'est pour cela que je me suis levé ce matin. » Jésus marchait à travers le pays de Galilée. Il allait dans les synagogues des autres villes et il chassait tous les esprits mauvais qu'il rencontrait.

Le lépreux bavard

Un homme, tout couvert de lèpre, courut vers Jésus. Il tomba à genoux devant lui et lui dit : « Si tu veux, tu peux me guérir. » Quand Jésus le vit, il eut de la peine. Il mit sa main sur la maladie et dit à l'homme : « Je le veux. Sois guéri. » Aussitôt la lèpre le quitta. L'homme était guéri.

Jésus lui dit : « Tu peux maintenant revenir dans la ville, mais ne raconte surtout à personne ce qui t'est arrivé. » Mais l'homme était si heureux qu'il ne pouvait pas se taire. Il racontait à tout le monde ce qui lui était arrivé. Partout les gens entendaient parler de Jésus, et il ne pouvait même plus rentrer dans la ville. Elle est forte la parole de Dieu.

Le paralysé se lève

Jésus revint à Capharnaüm, au bord de la mer. Il était dans la maison. Quand on sut qu'il était là, tout le monde venait le voir. Même devant la porte, il n'y avait plus de place. Jésus disait la parole de Dieu à tous ceux qui l'écoutaient.

Quatre hommes venaient vers la maison pour voir Jésus. Ils portaient un paralysé. Mais ils ne pouvaient pas passer à cause de la foule. Ils défirent alors le toit au dessus de Jésus. Ils creusèrent un trou et firent descendre le paralysé dans le trou. Jésus vit leur foi. Il dit au paralysé : « Mon enfant, tes péchés sont pardonnés. » Il y avait là des hommes qui connaissaient bien le Livre de Dieu. Ils disaient : « Jésus est un menteur parce que c'est Dieu qui pardonne. Dieu seul sait guérir le cœur. » Jésus voyait la méchanceté de ces hommes. Il leur dit : « Pourquoi ces pensées mauvaises sont-elles dans vos cœurs ? Est-il plus facile de guérir le cœur ou le corps ? » Mais les hommes ne répondaient pas. Jésus dit encore : « Le Fils de l'homme peut pardonner. Je vais vous le montrer. »

Le Seigneur se tourna alors vers le paralysé. Il lui dit : « Je te l'ordonne. Lève-toi, marche et rentre chez toi. » Le paralysé se leva et bondit sur ses pieds. Il sortit devant tout le monde. Tous avaient peur comme lorsque

Dieu est là. Tous remerciaient Dieu de sa lumière. Ils disaient : « Nous n'avons jamais rien vu de pareil. » Elle est forte la parole de Dieu.

La lampe

Jésus disait : « Apporte-t-on la lampe pour la cacher sous la table ? Apporte-t-on la lampe pour la mettre sous le lit ?

Ne l'accroche-t-on pas au plafond ? Ne la met-on pas sur le lampadaire ? On connaîtra tout ce qui est caché. On saura tout ce qui est secret. Ouvrez vos oreilles et vous entendrez. »

Tout pousse

Jésus disait : « Le Royaume de Dieu est comme un homme qui a jeté du grain en terre. La nuit quand il dort et le jour quand il veille, le grain pousse tout seul, mais l'homme ne sait pas comment il pousse. La plante sort de la terre. Elle devient une herbe. Elle a ensuite un épi qui se remplit de grains. C'est la terre qui fait tout. L'homme ne fait que moissonner quand le grain est mûr. Ouvrez vos oreilles et vous entendrez. »

Noël

Voici comment Jésus Christ vint sur la terre. Marie, sa mère, était la fiancée de Joseph. L'Esprit-Saint lui donna un enfant juste avant son mariage.

Joseph, son mari, était un homme juste et bon. Quand il vit que Marie allait avoir un enfant, il ne dit rien à personne. Il voulait seulement qu'elle parte en cachette. Une nuit, l'ange du Seigneur lui apparut. L'ange lui dit dans un songe : « Joseph, fils de David, prends Marie chez toi. Qu'elle soit ta femme ! C'est Dieu qui a donné le bébé qui va naître. Tu l'appelleras Jésus. Ce nom veut dire ' Dieu sauve '. »

Ces choses avaient été voulues par Dieu. On lisait dans les vieilles Ecritures : « La vierge va avoir un enfant. Il sera appelé Emmanuel. » Ce nom veut dire : « Dieu habite avec nous. »

Jésus et le mal

Un méchant roi régnait sur le pays. Il s'appelait Hérode. Quand il apprit que Jésus était né, il décida de le faire mourir. Mais l'ange du Seigneur dit à Joseph en songe : « Lève-toi vite. Prends l'enfant et sa mère et fuis en Egypte. Reste là-bas. Je te dirai quand tu devras rentrer. »

C'était la nuit. Joseph se leva. Il prit l'enfant et sa mère et partit au pays d'Egypte. Ces choses avaient été voulues par Dieu. On lisait dans les vieilles Ecritures : « J'ai appelé mon Fils qui était en Egypte. »

Le méchant roi Hérode cherchait toujours à tuer Jésus. Il fit tuer tous les garçons de moins de deux ans. On lisait dans les vieilles Ecritures : « Une maman pleure ses enfants. Elle ne veut pas être consolée car ils sont morts. »

Quand Hérode mourut, l'ange du Seigneur dit à Joseph en songe : « Lève-toi. Prends l'enfant et sa mère et reviens au pays d'Israël. » Joseph se leva. Il prit l'enfant et sa mère et sortit d'Egypte. Il vint habiter à Nazareth de Galilée. Il était écrit : On l'appellera le Nazoréen. »

Jean baptise

Jean-Baptiste arriva dans le désert. Il portait un manteau de poils de chameau. Il mangeait des sauterelles et du miel sauvage. Il criait dans le désert : « Demandez pardon car le Seigneur vient. » Il était écrit dans les vieilles Ecritures : « Une voix crie dans le désert : préparez le chemin du Seigneur. »

Beaucoup de gens venaient voir Jean-Baptiste. Ils confessaient leurs péchés. Alors Jean-Baptiste les plongeait dans les eaux du Jourdain, cette rivière qui coule à l'entrée du pays.

Quand les pharisiens et les chefs de Jérusalem venaient se faire baptiser, Jean-Baptiste leur disait : « Vous êtes des vipères. Demandez vite pardon car voilà Jésus qui vient. Il est tout près d'ici. Lui, il ne baptise pas dans l'eau, il baptise dans le feu et dans l'Esprit-Saint. »

Jésus arriva au bord de la rivière. Il voulait se faire baptiser. Mais Jean-Baptiste ne voulait pas. Il disait : « C'est moi qui ai besoin d'être baptisé ;

ce n'est pas toi. » Jésus lui répondit : « Il le faut. Baptise-moi. »

Après le baptême, Jésus remonta de l'eau. Soudain les cieux s'ouvrirent. Jésus vit l'Esprit de Dieu descendre sur lui comme une colombe. Une voix du ciel disait : « Celui-ci est mon Fils que j'aime. »

Jésus au désert

L'Esprit de Dieu mena Jésus au désert pour y être tenté par le diable. Jésus ne mangea rien, Jésus ne but rien pendant quarante jours et quarante nuits. Ensuite il eut faim.

Le diable lui dit : « Si tu es le Fils de Dieu, dis à ces pierres de se changer en pains. » Jésus répondit : « Non, l'homme ne se nourrit pas seulement de pain, mais de toute parole qui sort de la bouche de Dieu. »

Le diable emmène alors Jésus sur le toit du temple de Jérusalem. Il lui dit : « Si tu es le Fils de Dieu, jette-toi en bas. Tu ne risques rien car il est écrit : Les anges te porteront dans leurs bras, pour que tu ne te fasses pas de mal. » Jésus répondit : « Non, car il est inscrit dans les vieilles Ecritures : Tu ne tenteras pas le Seigneur ton Dieu. »

Alors le diable emmène Jésus sur une très haute montagne. Il lui montre tous les pays du monde. Il lui dit : « Si tu te mets à genoux devant moi, je te donnerai tous ces pays. Tu seras le roi de la terre. »

Jésus commande alors au diable. Il lui dit : « Va-t'en Satan. Il est inscrit dans les vieilles Ecritures : C'est le Seigneur ton Dieu que tu adoreras. C'est lui seul que tu prieras. »

Le diable s'enfuit de la montagne. Jésus reste seul en haut. Des anges s'approchent alors et ils le servent.

Le serviteur idiot

Jésus disait : « Le Royaume des Cieux est comme un maître qui part pour un long voyage. Il appelle ses serviteurs et leur dit : « Occupez-vous de mon argent. » Il donne cinq lingots d'or au premier. Il donne deux lingots d'or au deuxième. Il donne un seul lingot au troisième qui était un peu bête.

Le premier serviteur, celui qui avait reçu les cinq lingots d'or, en gagna cinq autres. Le deuxième serviteur, celui qui avait reçu deux lingots, en gagna pareillement deux autres. Mais le troisième fit un trou dans la terre et y enfouit l'argent de son maître.

Longtemps après, le maître revient. Il appelle ses serviteurs et il leur demande des comptes. Le premier, celui qui avait reçu cinq lingots d'or, lui apporte les cinq autres lingots qu'il avait gagnés. Le maître lui dit : « C'est bien. Tu es un bon serviteur. Je te donnerai des richesses et tu

seras heureux avec moi. » Le deuxième serviteur, celui qui avait reçu deux lingots d'or, lui apporte les deux autres qu'il avait gagnés. Le maître lui dit : « C'est bien. Tu es un bon serviteur. Je te donnerai des richesses et tu seras heureux avec moi. »

Le serviteur qui n'avait eu qu'un seul lingot d'or était très ennuyé. Il dit au maître : « Seigneur, je te connais bien. Tu es dur, méchant et sans cœur. Alors j'ai eu peur. J'ai enfoui ton lingot dans la terre. Tiens, le voilà ! Je te le redonne. »

Alors son maître lui répond : « Mauvais serviteur ! Paresseux ! Si vraiment, tu savais que j'étais dur, méchant et sans cœur, tu aurais eu peur et tu aurais mis mon argent à la banque. En échange, elle t'aurait donné un intérêt. » Puis le maître commande : « Prenez-lui son lingot d'or. Donnez-le au bon serviteur qui a déjà dix lingots. Jetez ce mauvais serviteur dehors, dans la nuit noire. » Elle est bonne la parole de Dieu.

Le banquet de mariage

Jésus disait : « Le Royaume des Cieux est comme le repas que donne un roi quand son fils se marie. Il invite ses amis, mais ses amis refusent de venir. Ils disent : « Nous ne viendrons pas. » Le roi leur envoie ses serviteurs pour leur dire : « Si. Venez vite, la fête va commencer. » Mais les invités s'en moquent. L'un part dans son champ, l'autre à son commerce. D'autres frappent les serviteurs et même ils les tuent. Le roi entre dans une grande colère. Il envoie ses soldats tuer les assassins.

Le repas de noce était prêt, mais la salle était vide. Le roi dit à ses serviteurs : « Allez par les chemins. Invitez ceux que vous trouverez. » Les serviteurs partent. Ils rassemblent ceux qu'ils rencontrent. La salle du banquet est remplie de monde.

Le roi entre. Il regarde ses invités. Ils avaient tous mis leur bel habit de noce. Un homme, au fond de la salle n'a pas son habit. Il se cache. Le roi le voit et lui dit : « Mon ami, comment es-tu entré ici sans ton vêtement ? » L'homme ne dit rien. Le roi dit alors : « Jetez-le dehors dans la nuit noire, là où il y a des pleurs et des malheurs. » Et la fête put commencer ! »

La petite graine de sénevé

C'était le soir. Jésus racontait sa dernière parabole avant la nuit. Il disait : « Comment représenter le Royaume de Dieu ? Comment vous le faire comprendre ? Le Royaume de Dieu est comme un grain de sénevé. C'est la plus petite de toutes les graines. On ne la voit presque pas, elle est si petite. Quand on la plante dans la terre, elle monte. Elle grandit tant, qu'elle dépasse les autres plantes du jardin. Elle a de grandes branches et les oiseaux du ciel viennent y faire leur nid. Ouvrez vos oreilles et vous comprendrez ! » Les disciples essayaient de comprendre ce que Jésus leur expliquait.

La tempête calmée

Alors Jésus leur dit : « Il est tard. Passons de l'autre côté de la mer. » Les disciples emmenèrent Jésus dans leur barque. La foule restait au bord de l'eau. Elle les regardait partir. Soudain, une grande tempête se leva sur la mer. Les eaux se dressaient autour de la barque. Les vagues cognaient contre le bateau qui risquait de couler. Jésus, lui, dormait sur le coussin à l'arrière de la barque, près du gouvernail, comme s'il ne voyait rien.

Les disciples se mettent alors à crier vers Jésus. Ils le réveillent et lui disent : « Vite, Maître. Occupe-toi de nous. Fais quelque chose. Nous allons mourir. » Jésus se réveilla. Il se leva et dit à la mer : « Silence » et au vent : « Tais-toi ». Aussitôt le vent tomba et il se fit un grand calme.

Puis Jésus se tourna vers ses disciples. Il leur dit : « Pourquoi cette peur ? Ne croyez-vous donc pas en moi ? » Alors les disciples eurent encore plus peur. Ils se disaient : « Qui est-il celui-là pour que le vent et les eaux lui obéissent ? » Les disciples essayaient de comprendre.

Le démon chassé

La barque arriva de l'autre côté du lac. C'était un pays païen, le pays des Géraséniens. Jésus descendit à terre. Aussitôt un pauvre homme courut vers lui. Il sortait des tombeaux où il habitait. Dans le pays, personne ne pouvait l'attacher. Il craquait les cordes qu'on lui mettait, il brisait les chaînes. L'homme avait une force terrible.

Nuit et jour, il était dans les tombeaux et criait sur les montagnes. Il se coupait avec des cailloux et avait très mal. Qui pourrait le calmer ?

L'homme vit Jésus de loin. Il courut et se mit à genoux devant lui. Jésus lui dit : « Esprit mauvais, sors de ce pauvre homme. Je te l'ordonne. » Mais l'homme suppliait : « Jésus, Fils du Dieu très haut, ne me fais pas de mal. »

Jésus demanda : « Quel est ton nom ? » L'homme répondit : « Milliers est mon nom, car nous sommes beaucoup. Ne nous chasse pas, s'il te plaît, de ce pays païen. »

Un troupeau de cochons était en train de paître dans la montagne. Les esprits mauvais dirent à Jésus : « Envoie-nous dans les cochons. » Jésus le permit. Aussitôt tous les esprits mauvais sortirent de l'homme et entrèrent dans les cochons. Puis le troupeau entier courut se jeter dans la mer, du haut de la falaise. Ils étaient des milliers qui se noyaient.

Leurs gardiens ne comprenaient rien à cela. Ils s'enfuirent à la ville et racontaient ce qu'ils avaient vu. Les gens du pays accoururent. Ils virent le pauvre homme calmé et assis près de Jésus. Alors ils eurent très peur. Ils dirent à Jésus : « Va-t'en vite de notre pays. Nous ne voulons pas de toi. »

Jésus remonta dans la barque. L'homme guéri lui demanda : « Puis-je rester près de toi ? » Mais le Seigneur lui dit : « Non, reste dans ton pays. Raconte à tout le monde ce que Dieu a fait pour toi, comment il t'a aimé. » L'homme s'en alla dire aux païens ce qui lui était arrivé. Tous entendirent la bonne nouvelle.

L'enfant se réveille

Jésus repartit au pays des Juifs, de l'autre côté de la mer. Une foule nombreuse se rassemblait autour de lui. Un chef de synagogue arriva. Il s'appelait Jaïre. Il tomba à genoux aux pieds de Jésus et lui dit : « Ma petite fille va mourir. Viens vite la guérir. » Jésus partit chez Jaïre, le chef de synagogue. La foule le suivait.

Des gens arrivaient sur le chemin. C'étaient les serviteurs de Jaïre. Ils dirent à leur maître : « Ne dérange plus le Seigneur, ta fille est morte. » Mais Jésus dit : « N'aie pas peur, Jaïre. Crois seulement. » Et Jésus repartit. La foule le suivait sans comprendre.

Jésus arriva devant la maison du chef de synagogue. Il y avait une grande agitation. Des gens pleuraient et poussaient des cris. Jésus entra dans la maison. Il demanda : « Pourquoi pleurent-ils ? L'enfant n'est pas morte : elle dort. » Tous les gens se moquaient de Jésus. Alors il les mit dehors.

Jésus restait avec le père et la mère de l'enfant. Il y avait aussi Pierre, Jacques et Jean, le frère de Jacques. Jésus entre là où est la fille. Il lui prend la main et lui dit : « Petite fille, je te le dis, lève-toi. » L'enfant se leva aussitôt. Elle se mit à marcher car elle avait douze ans. Tous ceux qui étaient là eurent très peur. Jésus leur dit : « Surtout, ne dites rien à personne. Donnez à manger à l'enfant. » Elle est forte la parole de Dieu.

Ceux qui croient savoir

Jésus partit ensuite dans son pays. Ses disciples étaient avec lui. C'était le sabbat, le septième jour de la semaine. Jésus entra dans la synagogue. Il disait tout haut la parole de Dieu. Les gens du pays étaient étonnés. Ils se disaient : Nous le connaissons bien, il s'appelle Jésus. C'est un charpentier. C'est le fils de Marie. » Ils ne comprenaient rien à la sagesse de Dieu et aux miracles. Ils croyaient tout savoir et ne comprenaient rien.

Jésus leur disait : « Un prophète n'est aimé ni dans son pays, ni dans sa famille. » Il ne put faire chez lui aucun miracle parce que personne ne croyait en lui. Elle est cachée la parole de Dieu.

La mesure

Jésus disait : « Si vous avez des oreilles gardez-les ouvertes. Plus vous chercherez à comprendre, mieux vous comprendrez. Vous serez mesurés comme vous mesurez vous-mêmes. Celui qui a la lumière, en recevra encore plus. Celui qui n'a pas la lumière la perdra tout à fait. »

Jésus prit avec lui ses douze apôtres et monta à Jérusalem. En route, il leur dit : « Le Fils de l'homme doit être livré aux païens. Il mourra et il ressuscitera le troisième jour. Rappelez-vous ce que les anciens prophètes ont dit. » Mais les apôtres ne comprenaient rien.

L'aveugle et la lumière

Jéricho est la première ville à l'entrée de la terre promise. Jésus s'approchait de Jéricho avec ses douze apôtres. Une grande foule le suivait.

Un aveugle était assis au bord du chemin. Il mendiait. Il entendit marcher la foule. Il demanda : « Qu'est-ce que c'est ? » On lui répondit : « C'est Jésus de Nazareth qui entre dans le pays. » L'aveugle se mit à crier :

« Jésus, fils de David, aie pitié de moi. Je suis dans le noir. » Mais la foule marchait près de lui sans l'entendre. Les premiers disaient : « Aveugle, tais-toi ! » Mais l'aveugle criait encore plus fort : « Jésus, fils de David, aie pitié de moi ! » Tout à coup Jésus s'arrêta. Il dit : « Ecoutez, on m'appelle. » Le Seigneur entendit : « Fils de David, aie pitié de moi. »

Alors Jésus ordonna d'aller chercher l'aveugle. Jésus lui demanda : « Que dois-je faire pour toi ? » L'aveugle répondit : « Seigneur, je veux voir. » Jésus lui dit : « Vois, ta foi t'a sauvé. » Aussitôt il vit la lumière. Il chantait pour Dieu et la foule était dans la joie. Il marchait derrière Jésus.

Zachée et la foule

Jésus entra dans Jéricho et la foule le suivait. Il y avait dans la ville un homme qui s'appelait Zachée. Il était très riche et personne ne l'aimait.

Il vit la foule, mais il ne pouvait pas voir Jésus car il était petit de taille. Il eut alors une idée. Il courut devant et monta sur un arbre, juste au dessus de la route.

Jésus approchait et la foule le suivait. Arrivé sous l'arbre, Jésus s'arrêta. Il leva les yeux et regarda Zachée. Il lui dit : « Descends vite. Je veux venir chez toi. » Zachée sauta par terre et reçut le Seigneur dans sa maison. Il était dans la joie.

La foule attendait dehors, devant la maison. Elle murmurait contre Jésus. Elle disait : « Zachée est un voleur et un pécheur. Celui qui mange avec un pécheur est aussi un pécheur. Jésus n'est peut-être pas aussi bon qu'on le dit. »

Pendant ce temps, dans la maison, Zachée disait à Jésus : « Oui, Seigneur, je vais donner la moitié de mon argent aux pauvres. Si j'ai volé quelqu'un sans faire exprès, je lui rendrai quatre fois ce que je lui ai pris. » Jésus lui dit : « Zachée, tu es entré aujourd'hui dans la terre promise par Dieu à Abraham. »

Le roi de paix

Jésus marchait vers Jérusalem. Arrivé sur le mont des Oliviers qui est en face de la ville, il dit à deux disciples : « Allez me chercher un petit âne dans le village qui est là-bas ». Les disciples partirent et trouvèrent l'âne. Ils le prirent. Les gens leur demandèrent : « Pourquoi prenez-vous cet âne ? » Les disciples répondirent ce que Jésus leur avait dit : « Le Seigneur en a besoin. »

Jésus monta sur le petit âne et il avançait vers Jérusalem. Les disciples mettaient leur manteau comme un tapis sur le chemin. Ils étaient dans la joie et chantaient :

« Béni soit le roi qui vient.
Béni soit celui qui vient au nom du Seigneur.
Gloire à Dieu au plus haut des cieux,
et paix dans le ciel ! »

Le temple purifié

Jésus entra dans le temple, la maison de Dieu. Il y avait des marchands qui vendaient les animaux pour les sacrifices. Jésus leur dit : « Rappelez-vous ce qui est marqué dans les vieilles Ecritures : ‘ Ma maison sera une maison de prière, et vous en avez fait un repaire de bandits ’. » Aussitôt Jésus chassa tous les marchands du temple avec leurs animaux.

Les grands prêtres et les chefs de la ville dirent à Jésus : « Pourquoi as-tu fait cela ? » Jésus leur répondit : « Et vous, pourquoi n'avez-vous pas cru en Jean-Baptiste ? » Les grands prêtres et les chefs de la ville étaient en colère. Ils partirent et décidèrent de faire mourir Jésus.

Judas était l'un des douze apôtres. Satan entra en lui. Judas vint dire aux grands prêtres et aux chefs de la ville où Jésus se cachait. Ceux-ci furent très contents. Ils donnèrent de l'argent à Judas.

Le banquet de la fête

Le jour de la fête approchait. Il fallait tuer l'agneau pascal. Jésus dit à Pierre et Jean : « Allez à l'entrée de la ville. Vous verrez un homme qui porte une cruche d'eau. Suivez-le. Il entrera dans une maison. Vous lui demanderez : ‘ Dans quelle salle le maître doit-il venir manger la Pâque avec ses apôtres ? ’ L'homme vous fera monter. Il vous montrera en haut une salle avec des coussins pour s'asseoir. » Pierre et Jean partirent et trouvèrent tout comme Jésus leur avait dit.

Jésus se mit à table avec ses apôtres. Il leur disait : « Je vais partir, mais je reviendrai un jour manger avec vous. » Ensuite Jésus prit du pain. Il rendit grâce. Il rompit le pain et le donna à ses apôtres. Jésus dit alors : « Ceci est mon corps qui va être livré pour vous. Faites ceci en mémoire de moi. »

A la fin du repas, Jésus prit le calice et il fit la même chose. Il dit : « Ce calice est la nouvelle alliance en mon sang qui va être versé pour vous. »

La montagne des Oliviers

Après cela, Jésus sortit sur le mont des Oliviers. Ses disciples le suivaient. Jésus se mit seul dans un coin. Il priait en disant : « Père, si tu le veux, éloigne de moi ce calice. Mais que ta volonté soit faite. »

Alors un ange du ciel apparut à Jésus. Il l'aidait. Jésus priait et des gouttes de sang coulaient de son visage.

Après sa prière, Jésus se sentit plus fort. Il s'approcha de ses disciples, mais il les trouva endormis. Il leur dit : « Levez-vous et priez. »

Des soldats arrivaient alors. Ils venaient arrêter Jésus. Judas marchait devant eux. Il s'approcha de Jésus et lui fit un baiser. Alors les soldats prirent Jésus. Mais un ami de Jésus tira son épée et coupa l'oreille d'un soldat. Jésus dit : « Laisse faire. Cela suffit. » Et il guérit le soldat en lui touchant l'oreille. Jésus fut conduit aux grands prêtres et aux chefs de la ville qui le condamnèrent à mort.

La croix

Les soldats crucifièrent Jésus entre deux bandits. L'un était à sa droite et l'autre à sa gauche. Jésus disait : « Père, pardonne-leur. Ils ne savent pas ce qu'ils font. »

Le peuple restait là et regardait sans comprendre. Les chefs de la ville se moquaient. Ils disaient : « Il en a sauvé d'autres, mais il n'est pas capable de se sauver lui-même. Les soldats riaient et criaient : « Si tu es le roi des Juifs, sauve-toi toi-même. »

Un des bandits qui était crucifié avec lui, se moquait aussi. Il disait à Jésus : « Si tu es si fort, sauve-toi toi-même et nous avec toi. » Mais l'autre bandit lui répondit : « Tais-toi. Nous, nous avons fait du mal, mais pas lui. C'est un juste. » Alors Jésus dit au bon bandit : « Tu seras avec moi quand je serai roi, aujourd'hui, dans le paradis. »

Vers la sixième heure du jour, le soleil se cacha. Pendant trois heures, il fit nuit sur la pays. Le voile du temple se déchira en deux. Jésus poussa alors ce cri : « Père, je remets mon esprit entre tes mains. » Et il mourut. Cette parole était lue dans les vieilles Ecritures.

La Résurrection

Juste avant le sabbat, Jésus fut mis dans un tombeau neuf qui était taillé dans le rocher. Le troisième jour, voilà ce qui est arrivé.

Ce jour-là, deux disciples quittaient Jérusalem et marchaient vers un village nommé Emmaüs. Ils parlaient de tout ce qui s'était passé. Jésus s'approcha et marcha avec eux. Mais les deux disciples ne l'avaient pas reconnu. Jésus leur dit : « Pourquoi êtes-vous si tristes ? » Les disciples lui dirent : « Comment ? Tu ne sais pas ? Ils ont crucifié Jésus. » Alors le Seigneur leur expliqua les vieilles Ecritures, Moïse et les anciens prophètes. On pouvait comprendre ce qui venait de se passer.

Ils arrivèrent au village. C'était le soir. Les deux disciples dirent à Jésus : « La nuit vient. Reste avec nous. » Ils se mirent à table. Jésus prit le pain. Il dit la bénédiction. Il rompit le pain et le leur donna. Aussitôt leurs yeux s'ouvrirent et ils le reconnurent. Mais le Seigneur avait disparu.

Ils revinrent à Jérusalem et trouvèrent les autres disciples réunis dans une salle. Jésus vint au milieu d'eux. Il leur dit : « Que la paix soit avec vous. » Mais eux croyaient voir l'esprit d'un mort. Jésus leur dit : « Voyez mes mains et mes pieds. Touchez-moi : un esprit n'a ni chair, ni os. » Puis Jésus dit encore : « Donnez-moi à manger. » Les disciples lui donnèrent un morceau de poisson grillé. Il le mangea. Alors ses disciples crurent en Jésus ressuscité.

Le Seigneur les conduisit ensuite près du mont des Oliviers. C'est là qu'ils avaient trouvé le petit âne. Jésus leva les mains et bénit ses disciples. Puis il fut emporté au ciel. Ses disciples revinrent à Jérusalem. Ils étaient dans la joie. Ils restaient dans le temple et priaient le Seigneur.

Les mauvais vignerons

Jésus disait : « Un homme planta une vigne. Il la loua à des vignerons. Puis il partit pour longtemps dans un pays étranger.

Un jour, il envoya un serviteur aux vignerons, pour leur demander du fruit de la vigne. Mais les vignerons frappèrent le serviteur et le chassèrent sans lui donner de fruits.

Il envoya un autre serviteur un peu plus tard. Les vignerons le frappèrent encore plus fort et le chassèrent sans lui donner de fruits. Le maître envoya encore un troisième serviteur. Il fut blessé comme les deux premiers et les vignerons le jetèrent dehors.

Que va faire le maître de la vigne ? Il va venir, lui-même. Il tuera les mauvais vignerons et donnera la vigne à d'autres. » Les chefs de la ville ne comprenaient pas.

Le figuier sans figue

Jésus disait : « Un homme avait un figuier planté dans une vigne. Il vint chercher des fruits, mais il n'en trouva pas. Il dit alors au vigneron : « Voilà trois ans que je viens chercher des fruits sur ce figuier et je n'en trouve pas. Arrache-le, car il prend toute la bonne terre. » Mais le vigneron lui répondit : « Maître, attends encore un an. Je vais creuser tout autour et lui mettre du fumier. Peut-être donnera-t-il des fruits l'an prochain ? S'il n'en donne pas, tu le couperas. »

Le vin de Cana

Le troisième jour, il y eut un mariage à Cana. La mère de Jésus y était. Jésus aussi fut invité avec ses disciples. Pendant le repas, il n'y eut plus de vin. Tout avait été bu. La mère de Jésus s'en aperçut et lui dit : « Ils n'ont plus de vin. » Jésus lui dit : « Femme, que me veux-tu ? Mon heure n'est pas encore venue. » La mère de Jésus dit aux serviteurs : « Faites tout ce qu'il vous dira. » Il y avait là six jarres pleines d'eau pour se laver. Jésus dit aux serviteurs : « Prenez l'eau des jarres et portez-en au maître du repas. » Ils portèrent l'eau. Le maître du repas goûta l'eau : elle était changée en vin. Il dit au marié : « Tout le monde sert d'abord le bon vin, puis après le moins bon. Toi, tu as gardé le bon vin jusqu'à maintenant. » Ce fut le premier signe de Jésus. Il montra sa lumière et ses disciples crurent en lui.

L'eau vive

Jésus marchait dans le pays de Samarie. Fatigué par la route, il s'assit près d'un puits qu'on appelle encore le puits de Jacob. Une femme du pays, une Samaritaine, vint chercher de l'eau. Jésus lui dit : « Donne-moi à boire. » La Samaritaine lui dit : « Comment ! Tu es juif et tu me demandes de l'eau, à moi, une étrangère ? Je ne comprends pas. » Jésus lui répondit : « Si tu savais qui je suis, c'est toi qui m'en demanderais. » La Samaritaine dit à Jésus : « Comment peux-tu me donner de l'eau ? Le puits est profond et tu n'as pas de seau. Serais-tu plus grand que notre père Jacob qui a fait jaillir l'eau comme d'une fontaine ? » Jésus lui dit : « Celui qui boit de mon eau n'aura plus jamais soif. L'eau vive que je lui donne se change en vie éternelle. » La femme lui dit : « Seigneur, donne-moi de ton eau vive. »

L'infirme du bord de l'eau

Il y eut une fête chez les Juifs. Jésus monta à Jérusalem. Il y avait dans la ville un bassin plein d'eau, le bassin des brebis. Des aveugles, des infirmes et des boiteux, étaient couchés tout autour. Ils attendaient que l'ange du Seigneur descende agiter l'eau du bassin. Quand l'eau vive venait, le premier qui plongeait était guéri. Il y avait là un homme infirme depuis trente-huit ans. Il était couché au bord de l'eau. Jésus le vit et lui dit : « Veux-tu guérir ? » L'infirme lui dit : « Oh oui, Seigneur. Je voudrais bien mais personne ne me porte dans l'eau. » Jésus lui dit : « Tu n'as pas besoin de cette eau-là. Lève-toi et marche. » L'homme bondit sur ses pieds. Il était guéri. Mais c'était le sabbat, le septième jour de la semaine. Les chefs de la ville étaient en colère contre Jésus car il n'avait pas le droit de guérir ce jour-là qui était le jour de Dieu.

Lazare revit

Il y avait un homme très malade qui se nommait Lazare. Il habitait avec ses deux sœurs, Marthe et Marie. Leur maison se trouvait à Béthanie, un petit village proche de Jérusalem. Les deux sœurs envoyèrent quelqu'un dire à Jésus : « Viens vite. Ton ami Lazare est très malade. »

Quand Jésus apprit la maladie de son ami, il ne se pressa pas. Il attendit deux jours avant de partir. Puis il dit à ses disciples : « Allons à Jérusalem. Je vais guérir mon ami Lazare. Cette maladie montrera la lumière de Dieu. » Ses disciples lui dirent : « N'y vas pas. Les chefs de la ville te tueront. » Jésus leur dit : « Lazare dort, je vais le réveiller. » Mais les disciples ne comprenaient pas. Ils partirent avec Jésus et ils avaient très peur.

Quand ils arrivèrent à Béthanie, Lazare était mort. Il était même enterré depuis quatre jours. Marthe dit à Jésus : « Si tu avais été là, mon frère ne serait pas mort. » Jésus lui dit : « Lazare ressuscitera. Je suis la Résurrection. » Elle ne comprit pas la parole du Seigneur. Marie, elle, pleurait dans la maison. Dès qu'elle sut que Jésus était là, elle courut se jeter à genoux aux pieds du Seigneur. Elle lui dit : « Si tu avais été là, mon frère ne serait pas mort. » Alors Jésus pleura. Tous disaient : « C'était son ami. Il l'aimait vraiment beaucoup. »

Le tombeau de Lazare était une grotte fermée par une grosse pierre. A son arrivée, Jésus dit : « Otez la pierre. » On ôta la pierre. Il leva ensuite les yeux au ciel et dit cette prière : « Père, je te remercie ! Tu m'écoutes toujours. » Puis il cria d'une voix forte : « Lazare, Lazare ! Sors de la mort ! » Lazare sortit. Ses pieds étaient encore attachés avec des bandelettes. Sa figure était toujours entourée d'un voile. Jésus dit : « Libérez-le et laissez-le partir. »

Les chefs de la ville virent cela. Ils décidèrent alors de faire mourir Jésus.

L'arrestation

La fête de la Pâque approchait. Jésus partit avec ses disciples de l'autre côté du torrent. C'était le soir après le repas. Il y avait là un beau jardin. Jésus y entra avec ses disciples. Mais le traître Judas connaissait bien l'endroit.

Les chefs de la ville avaient donné des ordres. Si quelqu'un savait où était Jésus, il devait le dire pour qu'on l'arrête. Judas le traître amena les soldats dans le jardin. Jésus leur demanda : « Qui cherchez-vous ? » Ils répondirent : « Jésus de Nazareth. » Jésus dit : « Je Suis ». Les soldats reculèrent et tombèrent à terre. Jésus leur demanda encore : « Qui cherchez-vous ? » Ils répondirent : « Jésus de Nazareth. » Le Seigneur dit : « Je Suis. » Alors les soldats prirent Jésus. Ils l'attachèrent avec des cordes et le menèrent chez les grands prêtres et les chefs de la ville.

Le roi Jésus Christ

Les soldats menèrent Jésus chez Pilate, le chef des Romains, pour qu'il soit jugé. Pilate dit à Jésus : « Tu veux être roi à la place de César ? » Jésus lui dit : « Mon royaume n'est pas de ce monde. » Pilate ne comprenait pas.

La foule criait : « Crucifie-le. A mort. A mort. » Pilate dit : « Prenez votre roi. » Les grands prêtres et les chefs de la ville dirent : « César est notre roi. »

Les soldats prirent Jésus. Ils lui firent porter sa croix jusqu'au lieu du crâne. On l'appelle en hébreu : Golgotha. Ils clouèrent Jésus sur la croix entre deux bandits. Pilate fit écrire une pancarte : « Jésus, le roi des Juifs. » Mais les chefs de la ville disaient : « Il n'est pas notre roi. »

Après cela, les soldats se partagèrent les vêtements de Jésus. Ils tirèrent au sort sa tunique. Dans les vieilles Ecritures, il était dit « Ils se sont partagé mes habits et ils ont tiré au sort ma tunique. »

Un soldat s'approcha de la croix. Il vit Jésus mort. Il lui perça le côté droit avec sa lance. Aussitôt il en sortit du sang et de l'eau. On lisait cela aussi dans les vieilles Ecritures.

Les disciples vinrent prendre le corps de Jésus. Il y avait un beau jardin à l'endroit de la croix. Un tombeau tout neuf avait été creusé dans un rocher. On y mit vite le corps de Jésus car la grande fête de Pâque allait commencer. On le ferma avec une grosse pierre.

Le tombeau vide

Ce dimanche-là était le troisième jour après la mort de Jésus. Marie-Madeleine vint au tombeau de bonne heure. Elle vit que le tombeau était ouvert. La grosse pierre avait été enlevée. Elle courut alors le dire à Pierre et à un autre disciple. Elle leur cria : « On a volé le corps du Seigneur et nous ne savons pas où il est. » Pierre et l'autre disciple coururent tout de suite au tombeau. Pierre arriva le premier. Il vit par terre les bandelettes et le drap du mort, mais Jésus n'était plus là. Les disciples revinrent alors chez eux.

Marie était restée seule près du tombeau. Elle pleurait. Elle se pencha pour regarder dans le tombeau. Puis elle se retourna : Jésus était là juste à côté d'elle, mais elle ne savait pas que c'était lui. Elle le prenait pour le jardinier du jardin. Jésus lui dit : « Femme, pourquoi pleures-tu ? Qui cherches-tu ? » Elle lui dit : « Jardinier, c'est toi qui l'as volé. Dis-moi où tu l'as mis. » Jésus lui dit : « Marie. » Alors, elle le reconnut et lui dit : « Rabbouni. » Et Jésus l'envoya vers les disciples.

Thomas

Le soir même, les disciples étaient réunis dans la maison. Ils avaient fermé toutes les portes à clé, par peur des grands prêtres et des chefs de la ville. Jésus vint au milieu d'eux. Il leur dit : « Que la paix soit avec vous. » Il leur montra ses mains et son côté. Voyant cela, les disciples comprirent que c'était lui. Il leur dit encore : « Que la paix soit avec vous. » Il souffla sur eux et dit : « Recevez le Saint-Esprit. Comme mon Père m'a envoyé, moi aussi je vous envoie. Allez partout dire que je suis ressuscité. »

Thomas, l'un des douze apôtres de Jésus, n'était pas là. Les autres lui dirent : « Nous avons vu le Seigneur. » Mais lui ne le croyait pas. Il dit : « Non, ce n'est pas possible. Si je ne mets pas le doigt dans la marque des clous, je ne croirai pas. »

Huit jours plus tard, les disciples se trouvaient encore réunis dans la maison. Cette fois-ci, Thomas était avec eux. Jésus vint au milieu d'eux. Il leur dit : « Que la paix soit avec vous. » Puis il dit à Thomas : « Mets ton doigt ici. Touche mes mains. Touche mon côté. Crois-tu maintenant ? » Alors, Thomas tomba à genoux aux pieds de Jésus en priant : « Mon Seigneur et mon Dieu ! » Jésus lui dit : « Tu as cru parce que tu as vu. Heureux ceux qui croient sans voir. »

La grande pêche

Après cela, Jésus se montra encore aux disciples sur les bords de la mer de Tibériade. Voici comment. Pierre dit : « Je vais pêcher. » Ses amis lui dirent : « Nous aussi. » Ils montèrent tous les sept dans la barque. Mais cette nuit-là ils ne prirent rien.

Le matin de bonne heure, Jésus parut sur le bord de la mer. Les disciples ne savaient pas que c'était lui. Jésus leur cria : « Jetez le filet à droite de la barque. » Ils le jetèrent et prirent tant de poissons qu'ils ne pouvaient plus le sortir de l'eau. Le disciple que Jésus aimait dit : « C'est le Seigneur. » Entendant cela, Pierre se jeta dans l'eau pour rejoindre Jésus.

Un feu de braise brûlait sur le rivage. Du pain et des poissons grillaient sur le feu. Jésus dit : « Apportez les poissons que vous venez de prendre. » Il y en avait cent cinquante-trois et le filet ne se déchirait pas.

Jésus leur dit : « Venez déjeuner. » Aucun des disciples n'osait lui demander : « Qui es-tu ? » Ils savaient bien que c'était le Seigneur. Alors Jésus s'approcha. Il prit du pain et le leur donna. Ce fut la troisième fois que Jésus se montra à ses disciples après sa Résurrection.

Quand le repas fut fini, Jésus appela Pierre. Il lui dit : « Maintenant tu vas être le pasteur des brebis. »

Le bon berger

Jésus disait : « En vérité, en vérité, je vous le dis, le berger passe par la porte de la bergerie. Le voleur prend un autre chemin. Celui qui passe par la porte, c'est le berger des brebis. Elles connaissent sa voix : ce sont ses brebis. Il les appelle une à une par leur nom et il les fait sortir. Quand il a mis ses bêtes dehors, il marche devant elles et ses brebis le suivent parce qu'elles connaissent sa voix. Elles ne connaissent pas la voix des voleurs. » Jésus disait cette parabole, mais les chefs de la ville ne comprenaient pas.

Les deux lumières

Jésus disait : « Quand on marche le jour, on ne tombe pas, parce qu'on voit la lumière. Quand on marche la nuit, on tombe, parce qu'on n'a plus de lumière. Il y a deux lumières : celle du monde et celle de Dieu. Ouvrez vos oreilles et vous entendrez. »

L'aveugle de la ville

Il y avait une ville nommée Bethsaïde de l'autre côté de la mer. Jésus traversa l'eau avec ses disciples. Ils arrivèrent à Bethsaïde.

Les gens du pays amenèrent un aveugle à Jésus. Ils lui dirent : « Touche-le. » Alors Jésus prit l'aveugle par la main et le fit sortir de la ville. Quand ils furent dehors, Jésus cracha par terre et fit de la boue. Il mit ensuite la boue sur les yeux de l'aveugle. Il étendit les mains au-dessus de sa tête. Il lui demanda : « Vois-tu quelque chose ? »

L'aveugle commençait à voir. Il répondit : « Je vois les gens comme des arbres qui marchent. » Jésus mit encore ses mains sur les yeux de l'aveugle. Alors celui-ci vit clair et fut guéri. Il voyait tout et très bien. Jésus lui dit : « Rentre chez toi, mais ne va surtout pas dans la ville. »

Pierre ne comprend pas

Jésus partit. Il alla avec ses disciples à Césarée de Philippe. C'était presque en dehors du pays.

Jésus marchait devant. Il demanda aux disciples qui le suivaient : « Qui suis-je pour les gens du pays ? » Eux répondirent : « Les uns disent que tu es Jean-Baptiste, les autres disent que tu es Elie ou un prophète. »

Alors Jésus s'arrêta. Il regardait ses disciples. Il leur demanda : « Et, pour vous, qui suis-je ? » Pierre prit la parole le premier. Il dit : « Tu es le Christ. » Jésus lui dit : « Surtout, ne le répète à personne. »

Aussitôt après, Jésus repartit. En marchant, il expliquait tout à ses disciples. Il leur disait : « Le Fils de l'homme va beaucoup souffrir. Les grands

prêtres et les chefs de la ville vont le mettre à mort. Mais le Fils de l'homme ressuscitera trois jours plus tard. »

Pierre entendit cela et se mit en colère. Il courut pour dépasser Jésus. Il criait : « Non, ce n'est pas possible. Je ne veux pas. » Mais le Seigneur se retourna et il regardait ses disciples. Il dit à Pierre : « Reste derrière moi, Satan. Tes pensées ne sont pas celles de Dieu, mais celles des hommes. »

Jésus disait à la foule et à ses disciples : « Si quelqu'un veut me suivre, qu'il porte sa croix. Qui veut sauver sa vie, la perdra. Qui perdra sa vie à cause de moi, la sauvera. »

Jésus transfiguré

Six jours plus tard, c'était le dimanche. Jésus partit avec Pierre, Jacques et Jean sur une haute montagne. Personne d'autre n'était avec eux. Ils étaient seuls, loin des hommes.

Jésus fut alors transfiguré devant eux. Ses habits devinrent aussi brillants que la lumière et aussi blancs que la neige. Elie et Moïse leur apparurent. Les deux anciens prophètes parlaient avec Jésus.

Pierre prit la parole et dit : « Maître, nous sommes bien ici. Faisons trois tentes, une pour toi, une pour Moïse et une pour Elie. » Mais Pierre ne savait pas ce qu'il disait. Aussitôt un grand nuage les recouvrit comme une tente d'ombre. Une voix sortait du nuage et disait : « Celui-ci est mon Fils bien-aimé. Ecoutez-le. »

Tout à coup ils ne virent plus rien. Jésus était seul avec eux. Tout était comme avant. Alors ils descendirent de la montagne. Jésus leur dit : « Surtout ne racontez à personne ce que vous avez vu. Attendez ma Résurrection. » Elle est cachée la parole de Dieu.

La grandeur cache

Jésus et ses disciples montaient à Jérusalem. Jésus marchait devant et ses disciples suivaient.

Jésus leur dit : « Les hommes vont tuer le Fils de l'homme, mais il ressuscitera trois jours plus tard. » Les disciples ne comprenaient pas cette parole car ils avaient peur de comprendre.

Ils arrivèrent à Capharnaüm, une ville au bord de la mer. Ils entrèrent dans la maison et Jésus leur demanda : « De qui parliez-vous en marchant ? » Les disciples n'osaient pas répondre. Ils s'étaient disputés entre eux parce qu'ils voulaient tous être le plus fort.

Jésus s'assit et il appela les douze apôtres. Il leur dit : « Si quelqu'un veut être le plus grand de tous, qu'il soit le plus petit. Si quelqu'un veut être le premier, qu'il soit le dernier. Mon Père alors l'aimera. »

Puis Jésus prit un petit enfant. Il le mit devant lui et l'embrassa. Puis il dit : « Celui qui accueille un petit enfant à cause de moi, c'est moi qu'il accueille. Celui qui lui fait du mal, c'est à moi qu'il fait du mal. »

On amenait des petits enfants à Jésus, mais ses disciples les chassaient. Jésus se mit alors en colère. Il dit aux disciples : « Laissez venir à moi les petits enfants. Le Royaume de Dieu est pour ceux qui leur ressemblent. » Elle est cachée la parole de Dieu.

La richesse cache

Jésus repartit et ses disciples le suivaient. Un homme accourut et se mit à genoux devant Jésus. Il lui dit : « Bon maître, que dois-je faire pour avoir la vie éternelle ? » Jésus lui demanda : « Pourquoi m'appelles-tu bon ? Seul Dieu est bon. Pour avoir la vie éternelle, fais ce qui est dans la loi. » L'homme lui répondit : « Bon maître, je l'ai toujours fait. » Jésus alors le regarda et l'aima. Il lui dit : « Une seule chose te manque : va, vends ce que tu as. Donne-le aux pauvres et tu auras un trésor dans le ciel. Puis, viens et suis-moi. » Mais lui devint tout triste car il avait beaucoup d'argent.

Jésus regarda autour de lui et dit à ses disciples : « Il est plus facile à un chameau de passer par le trou d'une aiguille, qu'à un riche d'entrer dans le Royaume de Dieu. » Les disciples dirent à Jésus : « Mais c'est impossible. Qui peut être sauvé ? » Jésus les regarda et dit : « Ce qui est impossible à l'homme, est possible à Dieu. » Elle est cachée la parole de Dieu.

La voie étroite

Jésus et ses disciples montaient toujours vers Jérusalem. Jésus marchait devant et ses disciples suivaient, mais ils avaient peur. Jésus appela les douze apôtres et leur dit : « Le Fils de l'homme va être livré aux grands prêtres. Ceux-ci le donneront aux païens qui le tueront. Mais le Fils de l'homme ressuscitera trois jours plus tard. »

Jacques et Jean son frère s'approchèrent de Jésus et lui dirent : « Maître, tu vas être roi et nous voulons être assis l'un à droite et l'autre à gauche de ton trône. Nous voulons commander à tous les autres. » Jésus leur dit : « Vous ne comprenez rien. Pouvez-vous boire le calice que je vais boire ? » Ils lui répondirent : « Oui, Maître. » Jésus leur demanda encore : « Pouvez-vous recevoir le baptême que je vais recevoir ? » Ils lui répondirent : « Oui, Maître, nous le pouvons. » Alors Jésus leur dit : « Vous boirez ce calice et vous serez baptisés. »

Jésus dit encore : « Les chefs des peuples commandent comme des maîtres. Chez vous, au contraire, le plus grand sera le plus petit. Le maître sera le serviteur et l'esclave des autres. Vous ferez ceci en mémoire de moi : le Fils de l'homme est venu donner sa vie pour ses amis. » Elle est difficile la parole de Dieu.

Dieu caché

Jésus arriva à Jérusalem pour la grande fête de Pâque. Il fut arrêté par les soldats des grands prêtres dans le jardin des Oliviers. C'était la nuit. Les grands prêtres et le conseil étaient réunis pour juger Jésus. Ils cherchaient une raison pour le faire mourir, mais ils n'en trouvaient pas. De faux témoins disaient : Jésus a dit : « Je détruirai ce temple et j'en rebâtirai un autre en trois jours. »

Alors le grand prêtre se leva. Il dit à Jésus : « Explique-nous cela. » Mais Jésus ne disait rien. Il se taisait. Le grand prêtre lui demanda encore : « Es-tu le Christ, le Fils du Béni ? ». « Je Suis, répondit Jésus. Vous me verrez bientôt assis à la droite de Dieu dans le ciel. » Alors le grand prêtre entra dans une violente colère et Jésus fut condamné à mort.

Ils commencèrent à cracher sur le Seigneur et à le frapper. Ils lui mirent ensuite un voile sur le visage, comme pour ne plus le voir.

Jésus fut crucifié et il mourut trois heures plus tard. A sa mort, le voile du temple qui cachait l'ombre de Dieu se déchira du haut en bas.

Jésus ressuscité

Trois jours plus tard, le dimanche de Pâques, Marie-Madeleine et l'autre Marie vinrent au tombeau. Elles voulaient parfumer le corps de Jésus avec de la myrrhe. C'était le matin de très bonne heure. Le soleil se levait.

Les deux femmes se disaient : « Qui nous roulera la pierre qui ferme le tombeau ? » Mais elles regardèrent et virent la grosse pierre roulée de côté. Or elle était fort grande. Elles entrèrent dans le tombeau. Elles virent alors un jeune homme vêtu de la robe blanche du baptême. Le jeune homme leur dit : « N'ayez pas peur. Vous cherchez Jésus le crucifié ? Il est ressuscité. Il n'est plus ici. »

Les deux femmes sortirent du tombeau et s'enfuirent. Elles ne dirent rien à personne parce qu'elles avaient très peur.

La langue de Dieu

Le jour de la Pentecôte arriva. Les douze apôtres étaient réunis pour prier. Tout à coup le bruit d'un grand vent remplit la maison. Les apôtres virent descendre du feu sur ceux qui étaient là. Le feu avait la forme d'une langue. Tous étaient remplis de l'Esprit-Saint. Ils parlaient toutes les langues de la terre.

Des hommes de tous les pays du monde habitaient Jérusalem. Ils entendirent le bruit et se rassemblèrent. Ils étaient stupéfaits car ils entendaient les apôtres parler chacun dans leur langue. Ils se demandaient comment c'était possible. Certains se moquaient même des apôtres et disaient : « Ils ont bu trop de vin. »

Pierre, debout avec les onze apôtres, prit la parole et dit : « Hommes de Jérusalem, écoutez-moi ! Nous n'avons pas bu de vin car nous ne sommes qu'à la troisième heure du jour. Il est encore trop tôt pour en boire. Je vais vous expliquer ce qui se passe. Rappelez-vous ce que les anciens prophètes avaient dit. Dans les derniers jours du monde, Dieu répandra son Esprit sur tous les hommes. Dieu fera partout des merveilles. Ensuite le Seigneur viendra et ce sera un grand jour, le grand jour du Salut. Tous ceux qui auront prié le Seigneur seront sauvés.

Et vous, hommes d'Israël, écoutez-moi ! Jésus de Nazareth est venu parmi vous. Il a fait des merveilles et des miracles. Vous le savez. Vous l'avez fait mourir sur une croix, mais Dieu l'a ressuscité. Aujourd'hui, Jésus nous envoie son Esprit. Dieu avait promis cela. »

Entendant cette parole, beaucoup se firent baptiser et reçurent le Saint-Esprit. Mais les grands prêtres et les chefs de la ville étaient en colère et voulaient faire mourir les apôtres.

Saül voit la lumière

Saül de Tarse faisait mourir les disciples du Seigneur. Le grand prêtre du temple lui dit : « Va à Damas. Trouve les chrétiens. Attache-les avec des chaînes et ramène-les ici à Jérusalem. »

Saül marchait sur le chemin de Damas. Tout à coup une lumière descendit du ciel. Elle l'enveloppa de sa clarté. Saül ne voyait plus rien. Il tomba à terre, puis il entendit une voix qui disait : « Saül, Saül, pourquoi me fais-tu tant de mal ? » Saül demanda : « Qui es-tu, Seigneur ? ». La voix répondit :

« Je suis Jésus que tu persécutes. Lève-toi et marche vers la ville. On te dira là-bas ce que tu dois faire. »

Les soldats, ses compagnons, s'étaient arrêtés et étaient stupéfaits. Ils ne comprenaient rien. Ils entendaient bien la voix, mais ils ne voyaient rien.

Saül se leva. Il avait beau ouvrir les yeux, il était dans le noir. On le prit par la main et on le fit entrer à Damas. Pendant trois jours, il ne mangea rien, il ne but rien et il ne voyait toujours rien.

Le troisième jour, de l'autre côté de la ville, Ananie, un disciple de Jésus, eut une vision. Le Seigneur l'appela : « Ananie ! » Il répondit : « Me voici Seigneur. » Jésus lui dit : « Va à la maison de Judas qui est dans la rue droite. Demande Saül de Tarse. Impose-lui les mains pour lui rendre la vue. » Ananie répondit : « Oh non, Seigneur, il me tuerait. » Le Seigneur reprit : « Va, je te dis. Cet homme sera mon apôtre auprès des païens. »

Ananie partit voir Saül. Il entra dans la maison. Il imposa les mains à Saül et lui dit : « Saül, mon frère, le Seigneur m'envoie pour que tu vois. Sois

rempli de l'Esprit-Saint. » Aussitôt des écailles tombèrent des yeux de Saül qui retrouva la vue. Il fut baptisé, mangea le pain et retrouva ses forces.

Saül sortit de la maison. Il disait à toute la ville que Jésus était le Fils de Dieu. Beaucoup ne comprenaient pas et se disaient : « N'est-il pas Saül de Tarse, celui qui persécutait les chrétiens ? » Mais Saül expliquait à tout le monde que Jésus était bien le Christ des vieilles Ecritures.

Alors les grands prêtres et les chefs de la ville décidèrent de le faire mourir.

La fin de l'esclavage

Saül est appelé Paul, ce qui veut dire « petit ». Il allait très loin dans les pays païens et annonçait partout la Bonne Nouvelle du Salut. Il était devenu l'apôtre des païens.

Paul arriva dans la ville de Philippes avec son ami Silas. Une malheureuse femme était prisonnière d'un esprit mauvais. Elle les suivait partout en criant : « Ecoutez ces gens. Ils disent la vérité. Ce sont des hommes de Dieu. » Au bout d'un moment, Paul fut agacé. Il se retourna et dit à l'esprit mauvais : « Au nom de Jésus Christ, sors de cette femme. » Et aussitôt l'esprit sortit.

Les patrons de la femme gagnaient beaucoup d'argent avec elle parce qu'elle savait dire la bonne aventure. Ils dirent à la police : « Ces hommes mettent le désordre dans la ville. Jetez-les en prison. » Paul et Silas furent frappés et emprisonnés.

Au milieu de la nuit, Paul et Silas priaient. Ils remerciaient Dieu. Les autres prisonniers les écoutaient. Tout à coup la terre trembla et les murs s'écroulèrent. Les portes s'ouvrirent et les chaînes des prisonniers tombèrent.

Le gardien de la prison dormait. Il se réveilla en sursaut. Il vit les portes ouvertes et crut les prisonniers évadés. Alors il tira son épée pour se tuer. Mais Paul cria d'une voix forte : « Ne te fais aucun mal. Nous sommes tous ici. »

Le gardien demanda de la lumière. Il accourut et se jeta à genoux aux pieds de Paul et Silas. Il tremblait. Puis il se leva et fit sortir les prisonniers. Il demanda à Paul : « Que faut-il faire pour être sauvé ? » Paul lui répondit : « Crois au Seigneur et tu seras sauvé avec ta famille. »

C'était la nuit. Le gardien lava les plaies des prisonniers. Il reçut aussitôt le baptême avec ceux de sa maison. Le gardien dit : « Montez chez moi maintenant. » Tous mangèrent et étaient dans la joie de croire en Dieu.

Le jour venu, les chefs de la ville demandèrent à Paul et à Silas de quitter tout de suite le pays. Mais, eux ne se pressaient pas. Ils allèrent prier avec les chrétiens de la ville.

Jésus est né à Bethléem, petit village de Judée. C'était au temps du roi Hérode. Voici que des mages païens vinrent de très loin au pays de Dieu. Ils s'arrêtèrent à Jérusalem et demandèrent : « Où est le roi des Juifs qui vient de naître ? Nous avons vu son étoile se lever. Elle brillait au ciel. Nous sommes venus l'adorer. »

Le roi Hérode fut inquiet. A Jérusalem, tout le monde aussi était inquiet. Hérode réunit les grands prêtres et le conseil. Il leur demanda où le Christ devait naître.

Ils lui répondirent : A Bethléem, petit village de Judée, car un ancien prophète a écrit :

« Et toi Bethléem,
tu es plus qu'un petit village.
Chez toi naîtra un grand roi,
une étoile pour Israël mon peuple. »

Alors Hérode dit aux mages : « L'enfant est né à Bethléem. Allez-y. Adorez-le et vous reviendrez me dire où il habite exactement. J'irai l'adorer moi aussi. »

Les mages partirent à Bethléem. L'étoile qu'ils avaient vue se lever leur apparut. Elle marchait devant eux et s'arrêta au-dessus de l'enfant. Les mages virent l'étoile. Ils furent remplis de joie : Jésus Christ était là devant eux avec Marie sa mère. Ils ouvrirent leurs coffrets. Ils lui offrirent l'or comme au roi, l'encens comme à Dieu, la myrrhe comme au Ressuscité. Ils revinrent dans leur pays par un autre chemin.

« Ouvrez vos oreilles et vous entendrez ! »

Au delà de l'anecdote

Ouvrez votre bible, vous trouverez dans ces notes des pistes pour le partage, la méditation, la prière.

Le semeur maladroit

La parabole du semeur maladroit ouvre, en saint Matthieu, une série de sept paraboles (Mt 13) et, en saint Marc, la journée des paraboles (Mc 4). Ce récit a pour fonction d'introduire ce livre afin qu'il soit lu comme une parabole.

Un bon semeur n'envoie les grains ni sur le chemin, ni dans les ronces. Qu'est-ce donc que ce semeur maladroit ? Il symbolise le Seigneur et les semailles représentent l'activité de Jésus Christ dans le monde. L'Evangile descend sur toutes les terres jusque sur la plus inculte. Quel gaspillage ! Le Seigneur semble sûr du résultat car Satan est vaincu (Jn 16, 33). Il ne peut plus entraver la marche de la Parole.

A chacun de nous d'en faire l'expérience. Même mauvaise terre, nous donnons du fruit car le Semeur sème efficacement comme le disait déjà le prophète Isaïe (55, 10-11).

La mention de la Galilée et du lac (voir note p. 97) évoque dans saint Marc la vie de ce monde. Jésus Christ vient en Galilée pour indiquer le chemin du Royaume, pour inviter la foule dont nous sommes, à traverser l'eau comme le firent les Hébreux à la sortie d'Egypte. La traversée de la mer mène à la terre promise, c'est-à-dire à la Résurrection.

1. SAINT MATTHIEU

La multiplication des pains Mt 14, 13-21

Jésus part en barque dans un lieu désert. Il a l'air d'être seul. Cette traversée de l'eau est une allusion à sa mort : c'est Pâques. Ce symbolisme courant de l'histoire des religions se retrouve souvent dans la Bible (Passage de la mer Rouge, Déluge, Création où Dieu sépare le sec des eaux...). La mort de Jésus provoque la recherche des foules. N'est-ce pas une allusion à la conversion massive des païens aux premiers temps de l'Eglise ?

Le soir venu (Mt 26,20 et 27,57), « l'heure étant passée » (évocation de Mt 26,45), les disciples, et non pas seulement les apôtres, s'approchent de Jésus Christ. Le soir est souvent une allusion à la fin d'une vie, comme les ténèbres qui ont marqué la « fin » de l'esclavage en Egypte (Ex 9,21 et Pr 17,2) juste avant la Pâque. L'aurore évoque en revanche la Création (Gn 1,3) et la Résurrection (Ps 130,7 et Pr 18,3). Les disciples (nous) s'approchent de Jésus le Ressuscité comme jadis à la multiplication des pains. Celui-ci nous donne encore du pain et des poissons, de la manne et des cailles (Ex 16). Allusion discrète à la Création avec le chiffre 7 (5 pains et 2 poissons). La nourriture céleste est mise au service de l'évangélisation : les disciples la transmettent à ceux qui viennent manger. L'abondance est signe de l'action de Dieu qui donne à profusion (2R 4,44 et ss). Elle est chantée dans le psaume 78, 25-29.

Derrière ce récit, l'Eglise primitive évoque le banquet eucharistique (verset 19) annoncé en Isaïe 27,6 (voir note p. 102). Dans l'évangile de Marc, Jésus Christ est le Bon Pasteur qui nourrit sur l'herbe du pâturage (Mc 6, 39) : les brebis perdues accourent (Ps 23,2). C'est une allusion au baptême (voir note p. 92). Les douze paniers évoquent d'abord l'universalité du don (douze tribus, douze apôtres, cent quarante-quatre mille justes). Ils rappellent aussi que la manne n'était qu'une nourriture passagère (Ex 16, 19-21) tandis que l'eucharistie, sacrement de la nouvelle Alliance, est surabondante.

Jésus marche sur les eaux Mt 14, 22-36

C'est maintenant au tour des disciples de traverser l'eau (Ex 14,15). C'est à nous d'affronter les difficultés de l'existence et de la mort. Apparemment, nous sommes seuls sur l'eau. Jésus est absent : c'est la nuit. La barque « Eglise » est ballottée par des vagues et par un vent contraire. Matthieu écrit pendant un temps de persécution (de tempête).

Mais, dans la foi, Jésus Christ n'est pas vraiment absent. Comme Moïse (Ex 33, 18-23), il est sur la montagne, c'est-à-dire au ciel. Comme Moïse, il n'est pas parti définitivement (Ex 32,1), il suit la barque de loin. A l'aurore, il vient. Les disciples croient à un fantôme, à un revenant. Mais ce n'est pas un mort qui vient, c'est un vivant. Il marche sur les eaux, il les domine. Comme Moïse (Ex 14,21) et comme Noé (Gn 7,17) il vainc la mort. Le Seigneur est reconnu à sa parole qui est le nom de Dieu révélé au buisson ardent (Ex 3,14). On peut traduire le grec aussi bien par « Je suis » que par « c'est moi ».

Pierre, le premier disciple, tente d'imiter Jésus. Mais, sans son aide, il s'enfonce dans la mort (Mt 26,29). Nous ne pouvons pas vivre le mystère pascal sans l'aide de Jésus, sans la foi qu'il nous donne. Quand Jésus Christ est dans la barque, le vent contraire tombe et c'est l'adoration. Mais déjà la mer est traversée. L'évangélisation doit commencer : le Seigneur guérit du mal qui entrave le salut du monde.

La petite fille guérie Mt 15, 21-28 et 16, 1-4

La fillette est païenne. Les villes de Tyr et de Sidon sont, dans l'Ancien Testament, symboles du paganisme (Ez : ch 26 à 28). Un mal mystérieux enchaîne le païen à la mort. Jésus Christ, à la demande de ses disciples (à notre demande) et à celle de la mère païenne, sauve la fillette de cet esclavage mortel.

L'allusion à l'eucharistie est discrète : les miettes de pain tombent de la table promise au peuple élu. Les païens les ramassent et se font finalement eux aussi inviter au banquet de la fin des temps (Actes 10,44).

Mais les Juifs ne comprennent pas cela. Jésus les invite alors à chercher le sens des signes des temps. Il leur demande de décrypter les signes du ciel. Mais sauront-ils comprendre l'actualité sans s'enfermer stupidement dans la « lettre » ? (le ciel n'est pas que le ciel). Sauront-ils voir que le soir et le matin évoquent la mort et la Résurrection ? Jonas est resté trois jours et trois nuits dans la mort avant de revoir la lumière (Mt 12, 38-40). Cette difficulté de croire, qui n'est pas propre aux Juifs, rappelle les tentations du désert (Ex. 16,4 et 19 et en particulier Ex 17,7).

La brebis perdue Mt 18, 12-14

Aucun berger au monde ne lâcherait son troupeau pour courir après la brebis perdue. La parabole est un non-sens car il ne s'agit pas ici d'élevage, mais de l'accomplissement de la prophétie d'Ezéchiel 34. La brebis représente le frère qui s'égare dans la communauté chrétienne (le troupeau). Tous, comme l'Agneau, nous devons nous sentir berger, c'est-à-dire responsable de notre prochain. L'homme, en effet, même baptisé (voir note p. 91), même du pâturage, se comporte parfois comme un petit enfant irresponsable (Mt 18,5 et 10) et il devient brebis perdue. Saint Paul employait déjà l'image de l'enfant pour illustrer les écarts de conduite (1 Cor 14, 20 et Ep 4, 14). Nous devons donc accueillir le « petit enfant » dans la foi pour qu'il grandisse. Dieu ne l'a-t-il pas fait pour Israël (Os 11, 1-2) ?

Le bon grain menacé Mt 13, 24-30

La parabole du bon grain menacé est aussi un non-sens agricole : aucun agriculteur ne laisserait la mauvaise herbe envahir son champ. Dieu donne une place à cette mauvaise herbe d'un autre genre. Il l'aime. Dans le domaine de la foi, ne nous inquiétons donc pas du mal qui nous menace. Le Fils de l'homme lui-même nous en a donné l'exemple en acceptant la mort. Le « bon grain » doit mourir pour vivre (Jn 12, 24). Il doit savoir aimer même ses ennemis (Mt 5, 44). Il produira ainsi les fruits de l'amour de Dieu. La mauvaise herbe sera ainsi consumée par ce feu d'amour qui transforme tout mal en bien (Is 40, 7-8).

Conclusion

L'eucharistie est au centre de cette première catéchèse. Le pain du ciel, donné à tous est le Corps du Christ, qui seul permet de vivre en dominant le mal et la mort. Jésus, le premier, a vécu le mystère pascal quand il est passé seul de l'autre côté de l'eau. C'est à nous de suivre le Seigneur. La présence active du Ressuscité accompagne notre mission de chrétien : l'annonce de l'Evangile à tous les hommes.

Les souvenirs du miracle de Jésus et d'une apparition au matin de Pâques sur le bord du lac (Jn 21) ont été transformés par saint Matthieu en une confession de foi. Ils ont pris ainsi une dimension de sens qui leur donne leur actualité.

L'Ancien Testament, ici comme ailleurs, a fourni le cadre et les thèmes fondamentaux de cette élaboration catéchétique.

2 SAINT LUC

Le prêtre muet Lc 1, 5-25

Le temple joue un rôle important dans l'évangile de Luc. On y est dès le début avec Zacharie. On s'y retrouve après l'Ascension : « Ils étaient continuellement dans le temple à louer Dieu ». (Luc 24,53). C'est le lieu de la prière et de la Parole de Dieu. Luc montre comment l'une et l'autre passent du prêtre de l'Ancien Testament (Zacharie) à l'Eglise, dépositaire d'un nouveau sacerdoce. Le taureau est l'emblème de Luc dans l'iconographie chrétienne. Il vient de l'Apocalypse de saint Jean (4,7) qui a repris l'image d'Ez. 1,10.

Zacharie, dont le nom signifie : « Dieu s'est souvenu », figure l'ancienne alliance devenue vieille et stérile. Elle a jadis donné des prophètes qui transmettaient la Parole de Dieu, mais ils ont été mis à mort (Ac 7,52). Elle donnera encore un prophète, le dernier, qui préparera la venue du Messie. Ce sera Jean, fils de prêtre comme Jérémie le prophète souffrant (Jr 1,1).

A l'issue de la cérémonie de l'encens, le prêtre sortait du Saint-des-Saints pour donner la bénédiction au peuple qui attendait dehors. Ici, le peuple attendra en vain car Zacharie est muet. La parole sera transférée à d'autres. Derrière ce récit, se profile celui du vieux prêtre Eli dont les fils ont été indignes de succéder à leur père : le petit Samuel deviendra prêtre et prophète à leur place dans le temple. (1 Sm. 1,1 à 3,19).

L'ange Gabriel dont le nom signifie quelque chose comme « Dieu procrée » évoque l'action procréatrice de Dieu. La Parole de Dieu est efficace : Dieu dit et cela est (Is 55, 10-11). La création se poursuit en Jésus Christ, le Verbe.

La parole de Marie Lc 1, 26-50

Le personnage de Marie s'oppose à celui de Zacharie. Marie est jeune fille et bientôt mère, pauvre et sans statut social. Dieu s'adresse à elle comme jadis l'ange à la mère de Samson (Jg 13,3). Elle croit en la Parole et accepte le Saint-Esprit. Luc met dans la bouche de Marie la parole de Sara femme d'Abraham (Gn. 18, 14). Il évoque ainsi la continuité de l'action divine et la fidélité de Dieu. Isaac, par son humilité et son sacrifice, préfigure Jésus. Il est signe de la Promesse (Gn 22).

Le Magnificat évoque toute la prière d'Israël. Il est une réplique du cantique d'Anne, mère de Samuel (1 Sm. 2, 1-10). Il est composé de phrases de psaumes mises bout à bout. Le sens est clair : Jésus Christ est bien l'accomplissement des Ecritures désiré par Israël. Marie est bien dans la ligne de l'Ancien Testament à l'encontre de Zacharie.

La naissance de Jean Lc 1, 57-79

C'est un événement de village. Il est sans ampleur. Le changement de nom, de Zacharie en Jean « Dieu a fait grâce », marque la discontinuité et la nouveauté (Is 65,15 et Ap 2,17). Il manifeste le changement de rapport de Dieu à l'homme (Is 62,4). Comme à la Pentecôte la langue se délie sous l'action de l'Esprit-Saint. Le vieux prêtre peut alors chanter le Benedictus.

Dès le début de son évangile, Luc met l'Esprit-Saint en scène. C'est lui qui agit et produit les événements. C'est lui qui fait jaillir la parole. Cet Esprit était déjà présent dans l'Ancien Testament (Nb 11, 24-30). Il va descendre sur tous les hommes de bonne volonté après la Pentecôte (Jl 3, 1-2).

Comme le Magnificat, le Benedictus est une composition réalisée avec plusieurs phrases de psaumes. Après avoir rappelé la Promesse de Dieu, Zacharie chante l'accomplissement des Ecritures avec la naissance du prophète Jean (1,76). Il lie Jean au Ressuscité, symbolisé par le Soleil levant du verset 78. (voir note p. 119).

Le premier-né Lc 2, 1-20

La naissance de Jésus contraste avec celle de Jean. La première était sans ampleur, mais celle-ci se réalise en présence de tout le ciel. Elle a une envergure cosmique. César Auguste ne recense-t-il pas toute la terre qui est entièrement sous sa domination (Lc 20,20) ?

Ce recensement, dont l'historicité est incertaine, évoque celui que fit jadis David avant de mourir. David a terminé son existence par ce péché (2 Sm. 24,10). Le « nouveau David » prend la suite mais à l'envers. Il est pris dans le filet de César, mais heureusement pour nous : le péché a permis le salut. Luc souligne la descendance davidique de Jésus et y associe l'expression « fils premier-né » qui évoque la Résurrection (Col 1,15 et 18), et non pas l'existence d'éventuels frères de Jésus. Jésus Christ, le fils ressuscité, aura cependant une multitude de frères dans la foi, qui prendront sa suite. Les langes et la crèche caractérisent l'humilité de la condition chrétienne.

Le récit des bergers renforce le sens : les petits voient ce que les grands ignorent parce qu'ils veillent malgré la nuit (Lc 12, 35-45). Cette nuit évoque un temps sans parole, sans prophétie, un temps d'attente où le ciel est fermé (Lc 3, 21). La lumière jaillit soudain dans les ténèbres (Jn 1). Le Seigneur descend sur la terre. Le récit de la naissance est ainsi une profession de foi : Jésus Christ est ressuscité. Il vient. La naissance suggère la renaissance. Luc reprend dans son récit les images de la gloire de Dieu d'Ezéchiel 1 : lumière, anges et chants entourent le premier-né. La descente du fils est en même temps une fête d'intronisation au ciel. Comme il est particulier ce descendant de David !

Les pauvres bergers d'Israël sont les premiers témoins de ce grand miracle pourtant peu spectaculaire. Ils ne trouvent apparemment qu'un enfant entre père et mère. Ces bergers sont cependant émerveillés et Marie médite ces choses, ces paroles, dans son cœur. Méditation importante car elle seule permet de saisir une actualité à première vue banale en fonction de ce qui avait été annoncé (voir aussi les disciples d'Emmaüs, Lc 24,13).

Qui sont ces bergers ? Peut-être les chrétiens qui doivent chercher la brebis perdue (Lc 15,4) à l'encontre des mauvais pasteurs (Ez 34) qui ne se dérangent pas quand l'événement leur paraît insignifiant ?

La lumière du monde Lc 2, 22-39

Le peuple d'Israël appartient à Dieu depuis la sortie d'Egypte. Chaque premier-né est racheté au Seigneur par une offrande au temple (Ex. 13,11). Joseph et Marie se soumettent à la loi. Ils portent Jésus au temple et opèrent le rachat du premier-né en vue du rachat des suivants. Jésus, désormais fils du peuple, peut être reconnu comme le Christ de Dieu, le sauveur attendu. Le vieillard Syméon, comme les vieux prophètes de l'Ancien Testament, attendait ce jour depuis longtemps. Animé par l'Esprit-Saint il annonce un salut inattendu passant par la Croix et la Résurrection. L'ancienne alliance engendre la nouvelle.

La sagesse de Dieu Lc 2, 40-52

L'ancienne Loi accomplie ouvre l'avenir. Que va être cet enfant si bien chez lui dans ce vieux temple ? Que sera ce nouveau Samuel ? Quelle sorte de prophète deviendra-t-il ? La réponse est cachée comme la vie de Jésus qui commence. Elle est suggérée par le mot « sagesse ».

Le livre des Proverbes explicite le sens de ce mot central de notre foi. C'est une attitude religieuse devant la vie, transmise par l'éducation. Le père l'apprend à son fils. Il la lui confie (Pr 3,1). Etre sage, c'est vivre la loi de Dieu et ne jamais l'oublier (Pr3,3 et Dt 6, 6-9). Mais la sagesse est encore plus que cela : c'est une personne vivante. Elle était présente à la création du monde (Pr 8, 23-31). Pour les premiers chrétiens, cette personne s'est incarnée. Elle s'appelle Jésus. Il est le Fils par excellence, celui qui peut vraiment dire « Notre Père ».

A douze ans, à sa majorité, Jésus monte à Jérusalem comme tous les Juifs pour célébrer la fête de Pâque. Il part dans la vieille caravane, l'ancienne alliance, mais ne revient pas avec elle. Il reste à Jérusalem. Ce souvenir de l'enfance de Jésus suggère la montée vers la Croix et vers le ciel. Ses parents le cherchent, mais ne le trouvent pas : évocation du vendredi saint ! Ils le découvrent, trois jours plus tard, à sa vraie place dans le temple de Dieu : évocation du dimanche de Pâques ! Le Seigneur est reconnu par les plus hautes instances comme étant le Sage par excellence, le nouveau Salomon (voir note p. 107). Il a vécu le mystère pascal. Il a été le vrai Fils du Père. Mais ce mystère est difficile à comprendre même pour Marie et Joseph. Nous retrouvons ce thème, entre autres dans 1 Cor 1, 17 à 2,9 et dans Mtt 11, 16-30. Le Christ nous convie à vivre nous aussi cette sagesse-là.

Parabole du rocher Lc 6, 47-49

La sagesse chrétienne n'est pas chose évidente. Trouver la vie dans la mort est illogique, tout comme cette affirmation : « celui qui s'abaisse sera élevé » (Lc 14,11). Pour construire solidement et édifier durablement il est nécessaire de creuser et de descendre profond en terre. C'est alors qu'on atteint la roche. Le rocher évoque la solidité et la fidélité de Dieu (Ps 18,3). Jésus Christ est notre Rocher (1 Cor 10,4). Les eaux, c'est-à-dire la mort, détruiront toute construction édifiée en dehors du Christ. Seul ce Rocher permet la Résurrection, mais il est caché sous la terre et sous les eaux.

Le père et les deux fils Lc 15, 11-32

En 15, 1-2, les pharisiens et les scribes reprochent à Jésus de manger avec des pécheurs. Le repas juif rassemble une communauté de purs. Jésus répond par trois paraboles qui appellent tout le monde à la joie du Père. Un appel à la communion remplace les règles d'exclusion.

L'expérience est banale : un fils quitte son père pour vivre à sa façon. Il prend alors conscience d'une chute : abandonner le père équivaut à partager le repas des cochons (Ps 51, 5-6). Les Juifs eux-mêmes n'ont-ils pas vécu l'expérience du fils prodigue ? N'ont-ils pas partagé la table des impurs (2 R 25, 29-30) pendant l'exil ? Mais Dieu a pardonné et ils ont pu vivre la joie des retrouvailles comme le chante le psaume 126, 3. Ils ont fait l'expérience de la joie du Père. Ainsi devraient-il comprendre que le repas ne détient son caractère de pureté que par Dieu qui est amour. Tout le contraire du légalisme (Dt 21, 18-21).

Mais le fils aîné qui se croit proche de son père en est très éloigné. Il refuse d'ailleurs de partager la table de communion. Il s'exclut et se perdra. L'allusion à l'eucharistie est claire.

Des Pères de l'Eglise ont prolongé cette lecture en faisant du fils prodigue le monde païen en général, l'aîné représentant le peuple élu qui a refusé de manger à la table de Jésus Christ.

Le bon Samaritain Lc 10, 25-37

Saint Luc laisse une place importante dans son évangile aux Samaritains. Matthieu ne les évoque qu'une fois pour les exclure (Mt 10,5) tandis que Luc les préfère aux Juifs légalistes, qui les croyaient diaboliques.

Les règles de pureté étaient très strictes dans le judaïsme. Toucher un cadavre ou un homme assassiné (Nb 19, 11-16), toucher ce qui est en contact avec le sang (Lv 15,19) sont de véritables péchés qui excluent temporairement de la communauté. Les prêtres, fils de Lévi, font les sacrifices de réparation afin qu'il soit dit : « nos mains n'ont pas versé ce sang et nos yeux n'ont rien vu. » (Dt 21,7).

La parabole dénonce la contradiction entre l'esprit du premier commandement et la lettre du rituel. Le Samaritain est seul à comprendre vraiment la loi (Lc 17, 11-19). Qui sont les Samaritains ? D'anciens païens venus de Babylone. Ils ont adopté les Ecritures et les vivent à leur façon (2 R 17, 24). Ils ont la Loi et la comprennent de l'intérieur. Le Samaritain semble être le modèle proposé aux païens qui se convertissent : l'ancienne Loi est nécessaire mais l'exemple des Juifs n'est pas à suivre (Lc 17, 11-19). Jésus d'ailleurs n'a-t-il pas été lui-même traité de Samaritain (Jn 8,48) ? Le récit évoque peut-être l'assassinat du Christ par les grands prêtres (voir note p. 107). Ce Samaritain qui va revenir d'un voyage n'est-il pas une image de Jésus ? Des Pères de l'Eglise lisaient ainsi la parabole.

3. SAINT MARC

Pêcheurs d'hommes Mc 1, 14-20

Dans l'évangile de Marc, la Galilée symbolise le monde. Les disciples dont nous sommes sont appelés à parcourir la Galilée des nations, à la manière de Jésus, pour annoncer la Bonne Nouvelle. A la différence de Luc (5,4), Marc ne présente pas de pêche miraculeuse, il la sous-entend simplement : « Vous savez pêcher des poissons, vous serez désormais pêcheurs d'hommes. » La pêche miraculeuse annoncée en Ez 47, 9-10, est signe des temps messianiques. Pour Marc, la vraie pêche est celle qu'ont entreprise les disciples. Elle était, semble-t-il, abondante et miraculeuse aux premiers temps de l'Eglise. Elle évoque aussi le baptême, les poissons symbolisant les nouveaux chrétiens sortant de l'eau. Dieu créé comme en Gn 1,20.

La force de Jésus Mc 1, 21-28

L'évangéliste situe la première manifestation de puissance de Jésus au bord du lac. Il évoque sans doute le passage de la mer Rouge et la Pâque. Rappelons-nous comment Moïse a été plus fort que les magiciens de son temps (Ex 9,11). Jésus, préfiguré par Moïse, annoncé donc par l'Ancien Testament, fait de même. Il délivre l'homme d'un mal mystérieux qui le tenait en esclavage. La fièvre de la belle-mère de Pierre joue dans le récit le même rôle que l'esprit mauvais. La force de Jésus étonne tout le monde. On s'interroge sur la personne du Christ. Qui est-il ?

L'image de Jésus prenant la femme par la main, comme l'époux prend son épouse (Is 62, 4-5 et Gn 3,29), évoque le psaume 73,23 : « Et moi qui restait devant toi, tu m'as saisi par la main droite. » Jésus est-il Dieu ? La question se pose à la sortie de la synagogue dans la maison du premier apôtre (verset 29).

C'est une question, mais les esprits mauvais la refusent en donnant la réponse. Ils empêchent la recherche et la méditation. Aussi Jésus leur ordonne-t-il de se taire, car il est inutile de savoir la réponse si on ne la comprend pas. Au contraire, elle risque de nous leurrer (Jn 9,40 et Gn 3, 1-7).

Le soir et le matin Mc 1, 32-39

Voilà un vieux thème de l'Ancien Testament (Is 21,11). Il renvoie à la création du monde, à ce premier jour où Dieu créa la lumière invisible (Gn 1,3) distincte de la lumière visible (Gn 1,14). Une foule chemine dans la nuit en traînant ses infirmités. Pourra-t-elle sortir des ténèbres ? Comment ? Certainement pas en écoutant le savoir des démons car Jésus les fait taire puisqu'ils « savaient » qui il était. Le mystère pascal ne peut être compris qu'au jour, c'est-à-dire qu'avec l'aide du « soleil » (Pr 4, 18-19).

« Le matin, bien avant le jour » Jésus se lève : allusion à la Résurrection (Mc 16,2). La Sagesse ne se découvre-t-elle pas à l'aurore (Sg 6, 14) ? Les versets 35-36 évoquent la course de Pierre au tombeau (Jn 20, 3-4), au matin de Pâques. Ils symbolisent la recherche de Dieu qui est la vie de la foi (Mc 16,6).

L'ouverture aux bourgs voisins est une préfiguration de l'ouverture aux païens. La Résurrection du Christ, source de l'Esprit pour Luc, est déjà pour Marc le point de départ des conversions et de la compréhension du mystère. Des hommes de toute la Galilée (du monde entier) se mettent à chercher Dieu.

Le lépreux bavard Mc 1, 40-45

La lèpre est une maladie si contagieuse que le lépreux vivait en dehors de la communauté. Pire, cette maladie mettait le lépreux en situation d'impureté et de péché (Lv 13, 45). En cas de guérison, le prêtre purifiait le lépreux et le réintégrait dans la communauté religieuse et sociale. C'est ce que fait Jésus en touchant le malade, au risque d'être lui-même contaminé, déclaré impur et rejeté comme le Serviteur innocent (Is 53, 3-4). Etonnant renversement : celui qui rend pur est déclaré impur par les experts en pureté. Les prêtres ne peuvent que constater la guérison, ils restent à l'extérieur des choses. Jésus Christ bouleverse tout de l'intérieur à tel point que l'homme guéri ne peut plus se taire, mais le guérisseur mourra sur la croix à la porte de la ville (Jn 19,17). Qui est-il ce Jésus qui va dans le sens de la Loi juive mais qui la subvertit ?

La guérison du lépreux évoque peut-être celle du païen Naaman (2 R 5, 1). Guéri de sa lèpre après sept immersions dans le Jourdain, il se met à proclamer, lui le païen, sa foi dans le Dieu d'Israël alors que Gehazi devient lépreux. Etrange renversement de situation qui évoque sans doute la conversion et la purification liées au baptême.

Le paralysé se lève Mc 2, 1-12

Nous sommes de nouveau au bord de l'eau : nouvelle allusion au mystère de mort et de Résurrection ! Jésus est dans une maison qui joue un rôle important chez Marc. La maison est le lieu où les disciples sont avec le Seigneur, où ils essaient de comprendre le mystère (Mc 7,7). Elle évoque peut-être l'Eglise qui attire tant de monde (Mc 3,20). Cette maison serait-elle aussi le lieu de la communion dans l'Esprit Saint (Mc 3, 25-30) ? Serait-ce une évocation de Pr 9,1 ?

Que va-t-il se passer ? Quatre hommes veulent entrer dans la maison. Ils creusent un trou. Ils y descendent un homme paralysé, c'est-à-dire quelqu'un qui est prisonnier des esprits mauvais, quelqu'un qui est déjà mort. La scène évoque un enterrement. Jésus attend dans les « profondeurs », séjour des morts et résidence des esprits mauvais (Ap 1, 17-18). Il veut sauver de la mort. Cette image est celle du Credo : « Il est descendu aux enfers » ouvrir ce qui était fermé. Jésus Christ est allé, le jour de sa mort, parler aux esprits mauvais. Il leur a donné l'ordre de libérer l'homme des maladies et des infirmités par lesquelles ils l'enchaînaient (1 P 3, 18-19). Cette délivrance du mal, qu'on évoque dans le Notre Père, est un pardon de Dieu. Jésus remet les péchés au grand scandale des scribes qui ne connaissent que la « lettre » de l'Ecriture. Seront-ils capables de comprendre le geste de Jésus quand il ordonne au paralysé de se lever ? L'homme se dresse comme un mort qui reprend vie (Ez 37, 1-14).

Le Christ se rencontre à partir de la question de la mort et du sens de la vie. En risquant sa vie pour les autres, l'homme découvre l'amour de Dieu (Jn 15,13) et le sens du mystère pascal.

Les hommes de la maison comprennent ce sens. Que penser, en effet, de leur parole : « Nous n'avons jamais rien vu de pareil » ? Une guérison de paralysé n'était pourtant pas chose unique. En fait, les gens de la maison savent que ce qui est décrit dans le récit évoque une autre dimension : Dieu. Ils comprennent le signe et contemplent à travers lui le salut en Jésus Christ. Ils sont témoins de l'accomplissement des Ecritures (Is 42,7).

Un souvenir de miracle a été réélaboré en confession de foi dont on perçoit les liens avec le baptême. Le Christ est descendu dans les profondeurs des eaux (de la mort) pour nous sauver (1 P 3, 20-22). Ce que Jésus a fait, le Christ continue à le faire.

La lampe Mc 4, 21-23

Cette parabole illustre le thème central de la catéchèse de Marc. Le Règne de Dieu est déjà présent dans la personne de Jésus qu'il faut savoir décrypter. Il grandit à travers le monde. Un jour, tous les hommes contempleront Jésus Christ. Dieu, pour l'instant, est caché. Nous sommes invités à chercher celui qui se cache déjà parmi nous (Ct 3, 1-5) pour le confesser publiquement. C'est une façon d'exprimer le mystère de mort et de résurrection.

Tout pousse Mc 4, 26-29

Le monde vit autour de nous, mais apparemment Dieu n'est pas là. On ne voit guère les progrès du bien. On ne comprend pas ce que fait le Seigneur. Mais ce n'est qu'apparence : le monde est à décrypter comme la parabole. L'homme n'a pas à avoir d'inquiétude (Ps 127,1). Tout ce que possède l'être humain lui a été donné gratuitement par Dieu (Dt 6, 10-11 et 8, 17-19). Le juste, lui, le sait. Il vit de la lumière intérieure donnée au premier jour de la création (Gn 1,3). Il comprend du dedans, il n'est pas au dehors. Cette méditation approfondit la première parole du décalogue (Ex 20, 2-3).

Conclusion

Cette catéchèse de saint Marc évoque l'irruption du Règne de Dieu annoncé dans les Ecritures. Mais les scribes, spécialistes de la Loi, ont bien du mal à percevoir en Jésus Christ l'accomplissement de la Promesse. Pourtant l'action de Jésus va dans le sens de la Loi juive. De toute façon, les poissons se multiplient et il est temps de lancer les filets en vue de la Résurrection (Ac 10, 44-48).

La guérison des hommes correspond à la libération entreprise par Jésus Christ. Elle se réalise dans les exorcismes et la purification du baptême dont les premiers chapitres de Marc sont sans doute une catéchèse.

4. SAINT MATTHIEU

Noël Mt 1, 18-25

Noël évoque une naissance. Matthieu veut suggérer que Jésus est le descendant de David. Il situe le roi David au centre de sa généalogie. Le nombre de générations entourant l'ancien roi est de quatorze. En hébreu, les lettres ont une valeur numérique et la somme des lettres du mot David est quatorze. L'intention est claire : Jésus est le messie royal attendu.

Jésus Christ est fils de David par sa mère et non par Joseph. Là aussi l'Ecriture le préfigurait. Matthieu, en effet, ne mentionne pas Joseph dans sa généalogie (verset 2). L'ancien Joseph n'était pas un ascendant de Jésus non plus. L'Esprit-Saint, c'est-à-dire Dieu, a la paternité de l'enfant. L'oracle d'Isaïe 7,14 fait de cette naissance l'accomplissement des Ecritures. Jésus Christ est l'Emmanuel, c'est-à-dire Dieu qui vient parmi les hommes. Un jeu de mots rapproche Noël et « l'Emmanoël », ce qui confère du sens à la fête.

Le sage ne s'emporte pas (Pr 3, 31). Il reste prudent dans ses jugements (Pr 3, 21). Il ne fait pas d'histoires (Pr 3, 29). Ainsi fait Joseph. Au lieu de déclarer bruyamment Marie coupable, il médite l'événement et essaie de comprendre l'inhabituel voulu par Dieu. Sa sortie de la « nuit » est exprimée par le songe. Le nouveau Joseph, comme l'ancien, (Gn 37,5) est l'homme des songes. Il sait décrypter.

Jésus et le mal Mt 2, 13-23

Par son sacrifice, l'ancien Joseph avait permis la descente en Egypte et l'expérience du salut. Il avait été à l'origine du vieil Israël racheté par Dieu. Le nouveau Joseph fait de même. Il conduit Jésus en Egypte ce qui permet à Dieu de manifester à nouveau son salut. Cette descente en Egypte symbolise la descente de Dieu parmi les hommes esclaves du péché.

Matthieu décrit la naissance de Jésus dans un contexte semblable à l'Egypte du Pharaon. La mort des fils (Ex 1, 15-16) et leur salut par le sang de l'agneau (Ex 12, 21-30) sont évoqués dans l'épisode des saints Innocents. Jésus, le Fils par excellence, est passé par les difficultés de la condition humaine et n'a échappé que de justesse à ce premier assassinat qui évoque le second : sa mort. Mais Dieu son père l'a fait renaître. La Résurrection passe par la mort. L'Exode est une préfiguration de l'événement Jésus Christ. L'Ecriture annonçait ce chemin de salut.

Le verset 20 évoque Exode 4, 19-20. L'image traditionnelle de Joseph conduisant Marie assise sur un âne et portant Jésus pourrait venir de là. On voit comment la tradition chrétienne, en continuant à associer l'Ancien et le Nouveau Testaments, a prolongé le travail des évangélistes.

Jean baptise Mt 3, 1-17

Moïse a commencé sa vie publique quand la voix de Dieu l'a appelé dans le désert du Sinaï (Ex 3, 1-6). Le prophète Isaïe, au temps de l'exil à Babylone, avait annoncé un nouvel appel de Dieu et un nouvel Exode (Is 40, 3 et 43, 16-19). La citation d'Isaïe proclame l'accomplissement de ce nouvel exode en Jésus Christ. C'est une confession de foi.

Matthieu décrit le costume de Jean comme celui d'Elie (2 R 1,18). Monté au ciel dans un char de feu (2 R 2,11), le prophète devait revenir pour préparer la venue du Messie (Ml 3,23). Matthieu donne à Jean la figure d'Elie tandis que Luc lui donnera plutôt celle d'un prophète ressemblant à Jérémie. Mais Matthieu déclare Jésus, nouveau Moïse, tandis que Luc l'a surtout montré comme le nouvel Elie (Lc 1,17). Les images de l'Ancien Testament n'ont pas été utilisées de la même façon par chacun d'eux.

Pour les chrétiens de la communauté de Matthieu, le récit de Jean-Baptiste avait une signification actuelle. Il évoquait d'abord la venue du Seigneur. La première génération chrétienne était persuadée de l'imminence de cette venue (1 Th 4, 15-17 et 1 Cor 15, 51-52). Ainsi ce récit exhorte-t-il les chrétiens à la conversion.

Il évoquait aussi autre chose. Jésus passe par le rite du baptême, mais du coup le sens s'amplifie : la plongée dans l'eau renvoie à la mort et à la Résurrection (Rm 6,4). L'eau représente la condition humaine mortelle que Jésus a acceptée comme il accepte le baptême (Incarnation). Cette acceptation de la vie et de ses limites est enrichie alors par l'Esprit « qui plane sur les eaux » (Gn 1,2) et qu'on représente par une colombe à cause de la nouvelle création du Déluge (Gn 8,11). La remontée (verset 16) suggère l'Ascension voulue par Dieu et le don de l'Esprit (Is 63,11) qui pousse au désert (Is 63,14) seul chemin pour entrer dans les cieux (Is 63,19). Tel fut celui du Serviteur souffrant à qui est adressée la parole d'Isaïe 42,1. Le baptême de Jésus renvoie à toute sa vie.

Jésus semble d'ailleurs avoir été, comme Jean, un baptiste. On le percevait parfois comme un disciple, voire comme un concurrent, du Baptiste (Jn 3, 22-25). Les premiers chrétiens ont compris après coup le sens du baptême de Jésus qui est bien plus que celui de Jean car il est celui du feu qui vient sur la terre. Il est l'expérience de ce feu qu'on nomme amour de Dieu.

Des Pères de l'Eglise ont vu dans le récit de 1 Rois 18, 35-36 la préfiguration du baptême chrétien : le feu du ciel est descendu sur le sacrifice d'Elie noyé dans l'eau, et la pluie est venue féconder le désert.

Jésus au désert Mt 4, 1-11

L'Esprit pousse Jésus au désert, comme en Is 63,14, et Jésus va vivre ce « désert », l'expérience humaine, jusqu'à cette haute montagne où il sera servi par les anges.

Le baptême évoque aussi le passage de la mer (Ex 14, 21-22) qui précède la marche d'Israël dans le désert. Les quarante jours renvoient aux quarante ans d'errance. Jésus va subir les mêmes tentations qu'Israël, mais Jésus, lui, ne faillit pas. Il assume sa condition d'homme sans avoir recours au miracle. Il arrive alors sur la montagne, comme Moïse (Ex 19,3). C'est le ciel, évocation de la Résurrection. Il a vaincu Satan par la Croix. Il peut le nommer, c'est-à-dire le maîtriser. Le mot Satan rappelle le grand serpent qui était au paradis terrestre (Gn 3,1).

Ce texte est une vue d'ensemble théologique de la vie de Jésus. Il montre que le véritable Fils de Dieu a assumé notre condition d'homme soumis à la tentation et à la mort. La vie humaine est symbolisée par les quarante ans dans le désert. Le chrétien est appelé à ne pas succomber à la tentation et à vivre son baptême jusqu'au bout. L'Eucharistie, évoquée au verset 11, a été préparée par le baptême.

Le banquet du mariage Mt 22, 1-14

Le grand banquet est celui que nous offre Jésus, la Sagesse (Pr 9,5). C'est l'eucharistie où nous sommes tous appelés, c'est le banquet de la fin des temps. C'est le but de la Création de Dieu.

Le texte de Matthieu s'en prend manifestement aux Juifs, ces premiers appelés qui ont refusé Jésus et qui l'ont tué comme les prophètes. Le texte de Luc (14, 15-20) est plus nuancé : les invités ont des excuses importantes qui semblent justifier le refus, mais pas dans la circonstance présente car le temps presse et les normes habituelles sont bouleversées (1 Cor 7, 29-31). L'appel du Christ fait à tous (Is 55, 1-3 et 25,6) est à la limite de la raison et de la normalité. Il exige un changement de vie. L'habit de noce est la robe blanche du baptême. Elle évoque la conversion et la nouveauté du baptême (Lc 5,36) qui, seul, peut rendre possible la vie eucharistique (voir note p. 119).

Le serviteur idiot Mt 25, 14-30

Cette parabole est peut-être bien un commentaire voilé du récit de la tentation (Gn 3, 1-24). Le rejet du troisième serviteur est produit par son savoir (verset 24 et 26). Il a la connaissance que promettait déjà l'antique serpent (Gn 3,5). Aussi, comme Adam et Eve, sera-t-il chassé dans les ténèbres extérieurs.

Dieu se donne dans sa Parole qu'il faut mettre en pratique pour comprendre (Pr 4,7). C'est alors que l'homme a la vie (comme en Gn 2, 7-9) et la résurrection. C'est alors qu'il acquiert la véritable connaissance de Dieu si opposée à celle du mauvais serviteur qui croit lire dans l'Ancien Testament l'image d'un Dieu injuste et méchant. Cette connaissance de Dieu s'approfondit par la pratique de la Loi sur laquelle Matthieu (15,17) insiste (5 talents : 5 livres de la Loi ?) et aussi par l'amour du prochain (Mt 7,12) indissociable de l'amour de Dieu (Mt 22, 37-40). (2 talents : les 2 premiers commandements ?)

Conclusion

Cette catéchèse s'appuie sur le thème : Jésus est le nouveau Moïse. Elle veut, par là, montrer que Jésus Christ est l'accomplissement des Ecritures et particulièrement de Dt 18,18. Aux premiers temps de l'Eglise, ce thème a été transposé dans la vie sacramentelle et dans la liturgie. La dernière partie de cette catéchèse nourrit une méditation sur le baptême et l'eucharistie. A cette époque on ne distinguait pas encore le baptême de la confirmation, mais la mention de l'Esprit en Mt 4,1, l'évoque peut-être. La liturgie ne fait qu'expliquer l'unique réalité, le mystère pascal. On voit bien ici les liens entre Noël et Pâques, entre la première naissance et la seconde, la Résurrection.

5 SAINT MARC

La petite graine de sénevé Mc 4, 30-34

Cette parabole semble prendre le contre-pied de la parabole du cèdre d'Ezechiel 31. L'arbre est immense comme l'orgueil du Pharaon et de Nabuchodonosor (Dn 4, 7-11). Il est aussi attrayant que celui de la connaissance du bien et du mal (Gn 2,17). Oiseaux du ciel et bêtes sauvages y habitent. Un jour cependant cet arbre est abattu. Ici, au contraire, le nouvel arbre n'attire pas la vue (Is 52 13-14 et Mt 27 29-31). Sa croissance est discrète. Pourtant, un jour, il dépassera tous les arbres du jardin (Gn 2,8). Quel est ce nouvel arbre ? N'est-ce pas l'arbre de vie (Gn 2,9 et 3,23), Jésus Christ invisible qui grandit parmi nous ? Il demeurera éternellement.

La tempête calmée Mc 4, 35-41

Une série de miracles succède aux paraboles. Le premier est la tempête apaisée. Elle est une allusion à la création (Gn 1,6) et au passage de la mer (Ex 14,21), inaugurant un changement d'état (Jon 1,15), la création du peuple de Dieu (Ez 36,28). La foule, ceux qui sont encore dehors, ne se lance pas avec Jésus dans la traversée. Les disciples, eux sont partis avec le Seigneur affronter les éléments déchaînés. Dans l'action, ils s'interrogent. Ils ont peur de le reconnaître car il agit comme Dieu (Ps 65,8).

Les premiers chrétiens étaient persécutés. Ils souffraient dans cette tempête et Jésus ne se manifestait pas. Il semblait dormir, alors qu'il avait affronté le premier la mort (il est à l'avant du bateau). Le réveil du Seigneur évoque sa Résurrection. Ainsi, un souvenir de miracle est-il devenu confession de foi.

Le démon chassé Mc 5, 1-20

Le passage de la mer avait conduit les Hébreux dans une marche vers la terre promise, le pays païen des Cananéens. Jésus et ses disciples, après avoir affronté les éléments, débarquent aussi dans un pays païen qui est sous l'emprise des esprits mauvais. L'esclavage du péché est plus fort que celui des chaînes humaines. Aucun homme ne peut en délivrer. Jésus Christ, lui, peut conduire l'homme vers la vraie terre promise, la Résurrection.

L'homme habite dans des tombeaux. Il souffre de son état car il est enfermé dans la mort. Jésus vient lui ouvrir le chemin de la vie comme le prophète Ezéchiel l'avait écrit (Ez 37,12). Jésus Christ, mort et ressuscité, agit et libère du mal. Il chasse l'impureté païenne. Les cochons qui la symbolisent (Lv 11,7), se jettent en effet dans la mer et se noient comme au jour du Déluge.

Les gens du pays sont présents au salut, mais ils ne voient les choses que de l'extérieur. Ils sont dehors, regrettant sans doute la mort de leurs cochons. Un seul a saisi du dedans, celui qui a été guéri par l'irruption de Jésus Christ. Les autres demeurent encore dans les tombeaux et dans la nuit de la mort. Mais Jésus ordonne à l'homme guéri de rester dans son pays et de témoigner de l'œuvre de salut qu'il a entreprise.

L'enfant se réveille Mc 5, 21-43

Marc nous présente deux miracles imbriqués l'un dans l'autre. Ils ont donc un rapport que nous devons chercher. Nous ne retiendrons qu'un miracle pour les enfants afin qu'ils ne les confondent pas.

Jésus prend un bain de foule et la scène a lieu en présence d'un chef de synagogue, représentant la Loi et directement concerné puisqu'il est le père de l'enfant mort (Rm 7, 7-13).

Premier miracle : Une femme est excommuniée depuis douze ans de la communauté sociale et religieuse à cause d'une perte de sang (Lv 15, 19). Le chiffre douze indique peut-être le fondement juif de la foi chrétienne (douze tribus et douze apôtres qui renvoient aux douze pierres de Jos 4, 2-3). La femme juive exclue entreprend une démarche intime et cachée vers Jésus. Elle est immergée dans la foule, personne ne la voit. Elle touche Jésus qui prend la maladie sur lui (Is 53,4). Guérie, elle prend soudain conscience de son geste : elle vient de rendre le Seigneur impur au regard de la Loi. Cependant Jaïre et les autres n'ont rien vu. Seul Jésus sait (Sg 1, 6 et Jr 11,20). Tout est intérieur. Les disciples, comme déjà Sara (Gn 18, 12), sont eux-mêmes moqueurs (verset

31). C'est alors que le Seigneur dévoile l'événement et réintroduit explicitement la femme dans la communauté, à cause de sa foi qui apparaît alors à la lumière (Mc 4,22 et Mt 10, 26-27). Elle devient témoin de l'entrée dans la nouvelle Terre promise par Dieu (Jos 4, 7-9).

Second miracle : Une fillette juive de douze ans (!) se meurt au moment où elle devrait entrer dans la vie. Jésus pénètre alors « là où elle est » (par sa mort dans le séjour des morts ?) en laissant les moqueurs dehors. Il prend l'enfant par la main (voir note p. 97) et la fait se lever comme le fit le prophète Elie (1 R 17-22). Là encore, le Seigneur se rend impur au regard de la Loi juive puisqu'il touche un mort (Nb 19, 11-16). Ceux du « dedans » comprennent que la mort n'est qu'un sommeil (elle dort) en vue d'un réveil, d'un lever (Os 6,2), tandis que ceux du « dehors » ne saisissent pas ce langage. Ils en restent à la « lettre ». L'allusion à la Résurrection est claire. Elle est soulignée par la présence des trois témoins principaux de la mort et de la Résurrection, Pierre, Jacques et Jean (Mc 9,2 et 14,33).

Ce sont deux femmes qui reconnaissent « du dedans » l'action salutaire du Seigneur et ceci à l'encontre de la coutume juive. N'oublions pas que ce sont aussi des femmes qui sont les premiers témoins de la Résurrection (Mc 16 1-8). Elles sont les « pierres vivantes » de l'Eglise (1 P 2,5).

Ceux qui croient savoir Mc 6, 1-6

C'est le sabbat, le jour du repos où cessent les activités des hommes. Dieu lui-même ne s'est-il pas reposé au premier sabbat (Gn 2,2) ? Mais la création ne peut pas se terminer sur un repos. La vie ne peut pas se finir sur la mort, repos éternel. Ainsi Jésus travaille-t-il le jour du sabbat et son Père aussi (Jn 5,17). Jésus est souvent présenté comme celui qui casse le sabbat (Mc 2,23 et 3,2). La Résurrection jaillit comme une lumière à l'aurore du dimanche, un lendemain de sabbat. Elle est une réponse de Dieu au repos : la mort ne peut pas être l'issue de la création. Ainsi s'ouvre le huitième jour, le premier de la nouvelle création symbolisée par le feu pascal, cette lumière dans les ténèbres (Jn, 5 évoquant Gn 1,3).

Le rejet de Jésus de Nazareth évoque les ténèbres de la mort. Il est une allusion à la mise à mort de Jésus le vendredi soir. Les chefs juifs, restés à l'extérieur de la « lettre » (Mc 2, 27-28), n'ont pas vu que le Fils de l'homme est maître du sabbat (de la mort ?). Ils n'ont vu en lui que le charpentier, mais pas Dieu. L'essentiel leur est resté voilé.

Saint Luc accentuera encore plus l'allusion à la passion et à la Résurrection (Lc 5, 29-30).

La mesure Mc 4, 23-25

Cette parabole qui n'en est pas vraiment une mais des phrases de Jésus mises bout à bout par Marc, incite le chrétien à ne pas s'enfermer dans son savoir et dans ses jugements (Mt 7, 1-5). Nous devons nous ouvrir à la Lumière de Dieu (Ap 22,5, écho de Za 14,7) qui fait voir le monde autrement : en effet, si on ne mesure plus, on reçoit la vie en abondance (Lc 12,42 et 11,4) car nous avons alors les critères de Dieu.

Conclusion

Marc fait succéder une série de miracles à une suite de paraboles. La nuit arrive au milieu (4,35) comme une coupure (procédé semblable en Lc 6, 12-13). On retrouve ce procédé littéraire avec le « soir » de Mc 1,32 qui renvoie à celui du vendredi saint. L'activité du Seigneur semble suspendue : coupure de la croix et de la mort (voir note p. 91 et 98) qui est d'ailleurs associée au passage de l'eau et à sa domination comme en Ex 14,20. Dès lors, les paraboles pourraient symboliser la prédication terrestre de Jésus qui est toujours offerte à notre méditation. D'où la bien curieuse affirmation de Mc 4,34 : « Il ne leur parlait pas sans paraboles ». Elle a été fabriquée à partir d'Is 6, 9-12 comme Marc le suggère explicitement (4, 11-12). Elle signifie que l'enseignement de Jésus est resté incompris jusqu'à Pâques et qu'il peut l'être encore aujourd'hui si on ne le décrypte pas, si on ne veut pas s'y engager.

Quatre miracles suivent la mention du « soir ». Ils pourraient évoquer l'action miraculeuse de Jésus Christ qui s'est étendue aux quatre coins du monde après sa Résurrection. Des miracles de Jésus constatés pendant sa vie terrestre se reproduisent dans le monde entier. La situation n'a donc pas fondamentalement changé au temps de l'Eglise.

De même qu'il y avait beaucoup d'incompréhensions à propos de l'activité de Jésus, de même il est encore aujourd'hui nécessaire de saisir du « dedans ». Mais, de nos jours comme hier, le Seigneur explique tout en particulier à ses disciples (4,34), à ceux de la « maison ». Alors la Lumière de Dieu jaillit dans les ténèbres comme au matin de Pâques.

C'est en effet là qu'elle est véritablement apparue comme au premier jour de la Création (Gn 1,3). Certes, « le soir est venu », la « Croix » survient, mais ne nous endormons pas pour autant. Même si c'est un soir de sabbat, veillons ! (Mc 14, 40-41). Jésus est ressuscité dans la nuit pascale qui a clos le sabbat. La mort du Seigneur a coïncidé avec ce jour (qui commençait le vendredi soir et finissait le samedi soir). Ainsi la Vie a prolongé le repos de la mort, elle a ouvert sur le dimanche le cercle fermé de l'ancienne création, qui s'arrête le septième jour. Des Pères de l'Eglise ont pu alors nommer Jésus le « sabbat » véritable qui conduit les hommes du repos à l'activité, du sommeil au réveil, de la mort à la vie. Entrons dans ce « sabbat » en vivant le mystère pascal et nous deviendrons « nouvelle création » de Dieu jusqu'à ressusciter.

6. SAINT LUC

L'aveugle et la lumière Lc 18, 35-43

Jésus est dans la dernière phase de son voyage. Il entre dans sa Passion et dans sa Résurrection, dans la nouvelle Terre promise par Dieu. L'aveugle de Jéricho sort de son aveuglement, invitation au lecteur à ne pas rester aveugle. Le fils de David vient d'accomplir la promesse (2 Sm 7, 12-13). Luc reprendra ce thème dans les actes des apôtres (2, 25-36). L'aveugle symbolise l'aveuglement spirituel (Is 6,9) : le passage du

Christ fait ouvrir les yeux. C'était écrit (Is 42,7) : c'est accompli par la mort et la Résurrection du Seigneur. Notons au passage la mention de ceux qui marchent en tête (verset 39). Est-ce une allusion aux chefs du peuple (Lc 24,35) qui empêchent Israël d'accéder à la Terre promise ? L'aveugle, lui est un bon Juif.

Zachée et la foule Lc 19, 1-10

En revanche, Zachée est un publicain, c'est-à-dire un pécheur public à cause de son métier ; même s'il est juste, il est étiqueté mauvais. Luc prend la défense des marginaux de la société, de ceux que l'opinion publique discrédite par habitude (Lc 3, 12-14 et 5, 29-32) et qui ne demandent rien — à l'inverse du Juif aveugle. Ainsi Zachée n'est-il pas décrit comme un voleur. Il a même conscience d'avoir été honnête (verset 8). La foule, en revanche, semble prisonnière de ses idées préconçues qui vont même l'amener à accuser Jésus (verset 7). Comment alors Zachée pourrait-il approcher le Seigneur ? Il est vraiment « petit » devant cette foule qui l'accuse par habitude. Derrière l'image du publicain Zachée qui, après être monté sur l'arbre, va manger avec le Seigneur, n'y a-t-il pas la scène de la croix et de la Résurrection, le sacrement de l'eucharistie. Jésus a lui aussi été accusé injustement et condamné par la foule (Lc 23, 13 et 18). Victime lui-même, il est venu ouvrir à tous la promesse faite à Abraham (Gn 15, 5-8). Tous, nous sommes appelés à faire le trajet de Jésus, figuré par l'ancien Israël, de Jéricho à Jérusalem. C'est la direction opposée à celle du prêtre, du lévite et de l'homme de la parabole (Lc 10, 30-32).

Le roi de paix Lc 19, 28-38

Au temps de Jésus, le Messie était attendu. Il devait fondre sur le temple comme un ange de Dieu (Ml 3, 1-3). Il devait descendre face à Jérusalem, au mont des Oliviers qui, du coup, se serait fendu par le milieu (Za 14, 3-4). Luc remplace ce décor apocalyptique par une scène modeste. Monté sur l'ânon messianique (Za 9,9), Jésus entre à Jérusalem. Le cadre est le même, mais Luc utilise pour décrire le geste de Jésus, le récit de l'intronisation de Salomon (1 Roi 1, 33-40), ce fils de David dont le nom veut dire « pacifique ». Ce fils est renommé pour sa grande sagesse. De même le nouveau fils de David (voir note p. 95). Le passé figurait le présent. Dieu accomplit son œuvre. Ceci est souligné par la mention deux fois répétée « Le Seigneur en a besoin ». Entendons : tout est prêt pour l'accomplissement des Ecritures.

La venue du Messie se fêtait (s'attendait ?) à la fête des Tabernacles située à l'équinoxe d'automne. C'était la fête de la royauté de Dieu. « Hosanna » est un cri adressé au roi (2 Sm 14,4), à Dieu, qui signifie « Au secours ! » Les premiers chrétiens semblent avoir déplacé la date de cette fête et le geste de Jésus en plaçant les Rameaux huit jours avant Pâques. La véritable fête de la royauté de Dieu n'est-elle pas la mort et la Résurrection du Seigneur, le dernier combat du roi « Jésus », son entrée dans la Jérusalem céleste ?

Les évangélistes ont donc, semble-t-il, modifié l'histoire en une confession de foi. Ils auraient volontairement confondu dans un même récit deux événements distincts, la

Pâque où Jésus est mort et une fête des Tabernacles, peut-être celle qui la précédait. On pourrait en effet oser l'hypothèse suivante : Jésus s'est enfui de Jérusalem après le « sketch » de l'ânon messianique et, peut-être, à la suite d'une altercation avec les chefs du temple (Jn 7, 37-52) lors d'une fête des Tabernacles. Six mois plus tard, il revient, mais en cachette bien sûr. Judas alors le trahit. Cette trahison s'explique d'ailleurs difficilement dans un contexte de prédication publique lequel correspondrait plus à la fête des Tabernacles qu'à la dernière Pâque.

Une raison théologique semble présider à cette composition ; elle était déjà amorcée par Marc. Le mont des Oliviers et le temple sont associés comme l'envers l'un de l'autre et jusque dans les derniers versets de l'évangile. La temple est le lieu de la foule tandis que le jardin est réservé aux intimes. Le temple est la face diurne du drame, alors que Gethsémani est son côté nocturne. La royauté de Jésus ne peut être comprise que si on tient ensemble les deux aspects de l'événement, son envers et son endroit. La Résurrection ne peut être saisie que dans la mort.

Le temple purifié Lc 19, 45 à 20, 8 et 22, 1-6

Jésus agit comme le messie (Ml 3, 1-4). Il commence par purifier le temple en chassant les marchands d'animaux nécessaires aux sacrifices. Il met ainsi fin aux pratiques de l'ancienne Alliance, qu'il remplace par son propre sacrifice (He 10, 4-11). Il se situe ainsi dans la ligne de la grande prédication prophétique (Am 5, 21-24 et Jr 7, 21-28). Il demande, comme tous les prophètes, la conversion du cœur et non pas les sacrifices (Os 6,6). Jésus Christ est vraiment le plus grand des prophètes. Il sera tué comme eux, parce que les grands prêtres et les scribes ne se sont pas convertis à la demande de Jean Baptiste (Lc 3, 15-18).

Le banquet de la fête Lc 22, 7-20

Dieu nous convie à un banquet sur sa montagne (Is 25, 6-9). Cet appel sera repris deux siècles plus tard au retour de l'exil à Babylone (Is 55, 1-3). C'est encore la Sagesse qui invite les simples à partager le pain et le vin (Pr 9, 1-5). Luc a déjà exploité ce passage (Lc 14,13 et 21) comme une prophétie désignant Jésus Christ.

Dieu a toujours voulu sauver les hommes du Satan. Celui-ci agit pour perdre l'homme « Jésus » (Lc 22,3) comme il était dit au psaume 41,10. Luc décrit le Seigneur maître de son destin (comme déjà en 19,29) : c'est Jésus qui organise sa mort et invite ses disciples à la partager pour ressusciter avec lui, c'est-à-dire participer au banquet des simples de la fin des temps. Jésus se livre autant qu'il est livré (verset 48).

Le mont des Oliviers Lc 22, 39-53

Jésus est mis au ban de la société comme le dernier des bandits (Lc 22,37). C'est une allusion à Is 53,12. Jésus vit un combat spirituel comme Jacob (Gn 32,25) jusqu'à l'aurore de sa Résurrection. On peut voir surtout une allusion au prophète Elie, menacé de mort, et fuyant vers la montagne de Dieu. Jésus, lui, ne fuit pas. Son père lui envoie un ange comme à Elie. Luc a introduit ici cette vieille image de l'Ancien Testament (1 R 19, 5-8) car elle évoque aussi l'eucharistie. Jésus est le nouvel Elie, mais en bien plus grand. Il a su veiller toute la nuit sans dormir (Is 26,9). Mais les ténèbres menacent tout le monde : les apôtres (verset 46) et les ennemis de Jésus (verset 53).

La croix Lc 23, 33-46

La croix était la mort la plus infâmante qui fût. Elle était réservée aux agitateurs politiques et aux esclaves. Jésus meurt sur une croix entre les plus mauvais des hommes. Luc souligne, avec l'épisode du bon larron, que le salut est vraiment pour tous. Comme on le chantait déjà dans l'hymne (Ph 2, 6-4) : « Jésus s'est anéanti lui-même prenant la condition d'esclave... pour que toute langue proclame que Jésus Christ est Seigneur. »

Le psaume 22 est évoqué avec le partage des habits (versets 34). On ne connaît souvent que le premier verset de ce psaume qui est cité par Marc et Matthieu : « Eli, Eli, lama sabachtani », mais le psaume était probablement récité en entier dans la liturgie de la passion. Il décrit la mort et le salut du Serviteur souffrant (Is 53, 1-9), image qui était jusqu'ici appliquée par les Juifs à Israël exilé à Babylone. Les premiers chrétiens ont vu dans ces deux textes une annonce de la croix et de la Résurrection : Jésus réalise les Ecritures.

A la sixième heure, le soleil se cache. Il ne s'agit pas de la description d'une éclipse. Nous sommes à l'équinoxe de printemps et le soleil ne peut pas s'éclipser. Il s'agit plutôt de l'obscurité annoncée par Amos 8, 9-10, ténèbres précédant la mort des premiers-nés (Ex 10,22) et souvent évoqués dans la prédication prophétique (Jr 4, 23-24). Luc termine le récit de la mort par la citation du psaume 31,6 qui était la prière du juste dans l'épreuve. Jésus est le juste par excellence (Ac 8,52).

La Résurrection Lc 23, 53-54 et 24, 13-53

Jésus est placé au tombeau le vendredi soir alors que le sabbat commençait. C'est à l'issue de ce septième jour qu'il va agir et ressusciter (voir note p. 105). D'autre part la mention du tombeau « où personne n'avait été mis » est aussi une allusion théologique (Lc 2,7 et Col 1,13). L'expression suggère la nouveauté radicale de la nouvelle création.

Les disciples d'Emmaüs, témoins de la mort de Jésus, n'en avaient pas vu l'envers : la Résurrection. Ils en étaient restés au fait. Ils connaissaient pourtant les Ecritures, mais ils n'avaient pas fait le lien entre ce qui avait été promis et ce qui venait de s'accomplir (comme le dit saint Paul en 2 Cor 3, 14-16). Leurs yeux étaient empêchés de reconnaître le Seigneur (Is 6,9). Le témoignage des femmes et des apôtres ne les avait même pas fait réfléchir. Il a fallu l'action du Christ pour leur ouvrir les yeux et les gestes de l'eucharistie pour qu'ils reconnaissent le Christ dans leur compagnon de route.

Cette expérience du Christ ressuscité fut celle des apôtres et des premiers disciples. Luc affirme que le Ressuscité n'était pas seulement un esprit, un mort qui revenait, mais un vivant bien réel (comme en Mc 6, 49-50). Il insiste sur la réalité corporelle du Ressuscité pour souligner l'existence d'une Réalité spirituelle. Déjà, il la symbolisait au baptême de Jésus (Lc 3,22). C'est le Credo de l'Eglise : « Je crois en l'univers visible et invisible ».

L'Ascension, qui ici a lieu le dimanche de Pâques, se passe sur le mont des Oliviers. Elle clôt l'entrée de Jésus à Jérusalem et souligne que la royauté de Jésus Christ est dans sa mort et sa Résurrection. Cette Ascension prend le contrepied de l'attente juive d'un Messie qui devait descendre sur ce même mont (Za 14,4). Luc développe un mouvement ascendant qui est déjà celui de sa généalogie (4,23) : il part de l'homme et monte vers Dieu. Matthieu fait l'inverse (1,1). Par cette Ascension, Jésus est encore dit nouvel Elie (2 R 2,11-12).

L'ascension royale était chantée dans plusieurs psaumes. Le psaume 24 décrit notamment l'intronisation d'un roi de gloire pour lequel les portes du ciel s'ouvrent. Cette idée est aussi dans le psaume 118, 19-20, chanté précisément à la fête des Tabernacles. Notons aussi le psaume 47 qui décrit une montée semblable : « Dieu monte parmi l'acclamation » et le psaume 110 qui clôt l'ascension royale par la session à la droite de Dieu. Du haut de ce trône céleste, Jésus Christ met ses ennemis sous ses pieds (Ep 1, 20-22 et 1 Cor 15, 25-26). L'Ascension est la grande fête du Christ-Roi, que la liturgie ultérieure fêtera quarante jours après Pâques, selon ce que décrivent Actes 1,9 et peut-être Lc 4,5-9.

Les mauvais vignerons Lc 20, 9-16

La vigne représente Israël (Is 5,1 et Ps 80,9) qui a déjà été convoité par de mauvais rois (I R 21). Les anciens prophètes ont été persécutés par des mauvais gérants de la vigne (Ac 8,52). Jésus, le Fils, a été tué par eux. Mais il revient pour juger.

Le figuier sans figue Lc 13, 6-9

Les images de la vigne et du figuier vont ensemble (Jr 8,13 et Ct 2,13). Le dialogue entre l'homme et le vigneron n'évoque-t-il pas le cas de conscience de Dieu ? Le vigneron, Dieu (Jn 15,1), n'aime pas tuer (Os 11,9 et Ez 18,23 et 32). Il donne encore une dernière chance au figuier. Saura-t-il en profiter ? Qu'il se décide vite car le temps presse (1 Cor 7,29). La conversion est quelque chose d'incompréhensible, d'où la curieuse phrase de Mc 11,13.

Conclusion

Cette catéchèse aborde le mystère pascal par le thème de la royauté. La vraie royauté consiste à vivre la mort pour ressusciter. C'est ainsi que les premiers seront les derniers (Lc 9, 46-48), les plus petits seront les plus grands (Lc 18, 15-17 et Lc 14,11). C'est ce que Jésus vécut lui-même (Lc 19, 31-34). Tel est le chemin de « l'ascension » à l'encontre de Gn 11, 1-9, évoquée en Lc 14, 28-30.

7. SAINT JEAN

Le vin de Cana Jn 2, 1-12

Moïse a commencé son ministère en changeant l'eau du fleuve en sang (Ex 4,9). Jésus fait de même dans ce récit. L'évangéliste donne ainsi du sens à un souvenir de miracle. Au tout début de l'Eglise, on décrivait souvent Jésus dans un cadre hebdomadaire probablement pour des raisons liturgiques. La mention du troisième jour a été conservée car elle est une évocation du jour du Seigneur annoncé par Osée (6, 1-3), écho de la nuit mettant fin à l'esclavage de l'Egypte (Ex 10,22). Elle peut suggérer aussi le jour de la création de la vie (Gn 1, 11-13). Dans les évangiles, le troisième jour est celui de la Résurrection (Mc 8,31). Pour Jean, c'est le jour où le Seigneur manifeste sa gloire (verset 11).

Le vin, qui a déjà été rapproché du sang dans l'Ancien Testament (Gn 49,11 et Dt 32,14), renvoie au sang de la croix, comme l'expression « l'heure de Jésus » (verset 4), reprise de Ct 2,7 et 3,5. Elle est une allusion à Gn 13,1 et 17,1. Les six jarres de pierre sont l'eau de l'Ancienne Alliance, de l'ancienne noce (Ex 17,6 et Ez 47, 1-2). Elles sont remplacées par le vin de la Nouvelle Alliance, le sang de Jésus (Jn 19,34). Le verset 10 peut alors se comprendre : le meilleur vin est celui de la fin, car le sang de Jésus est supérieur à celui des anciens prophètes (voir aussi Lc 5, 37-39). Le chiffre six (les six jarres) évoque d'ailleurs l'aspect incomplet de l'ancienne création en six jours de Gn 1,30 (voir note p. 105, 106-117).

Dans cette noce, on ne sait pas très bien qui sont l'époux et l'épouse. Jésus prend le rôle de l'époux qui offre le vin du mariage. N'a-t-on pas là une reprise du vieux thème de l'alliance de Dieu avec son peuple qui fut appliquée à Jésus par la primitive Eglise (Ep 5,32 et Mt 22,2 et 25,1) ? Ce thème sera souvent repris dans des catéchèses de l'eucharistie (voir note p. 102).

L'eau vive Jn 4, 1-42

Les Samaritains descendent d'anciens colons venus de Babylone après l'exil de la ville de Samarie à la fin du huitième siècle avant Jésus Christ. En s'installant dans le pays, ils avaient adopté le Dieu du lieu, tout en gardant sans doute des liens avec leurs cinq anciens dieux babyloniens (2 R 17,24 et suivants). La mention des cinq maris de la Samaritaine (verset 18) suggérerait peut-être cela. Le prophète Ezéchiel (16,53) avait annoncé le rétablissement des exilés dans leur ville. C'est bien un rétablissement que Jésus opère, mais spirituel celui-ci : les Samaritains reçoivent l'eau vive du baptême (Ac 8, 5-25).

La mention du puits de Jacob évoque une légende bien connue à cette époque : l'eau aurait jailli d'elle-même, comme d'une fontaine, aux pieds du patriarche Jacob. L'eau vive avait aussi surgi de la main de Moïse (Ex 17, 1-7). Un nouveau jaillissement avait été prophétisé (Is 44,3, Ez 36,25 et 47, 1-12, Za 14,8) pour la venue des temps nouveaux. Cette eau vive était prévue intarissable (Is 58,11). Elle représente pour nous l'Esprit donné à la Pentecôte et au baptême (Jn 7,37).

Jean a décrit Jésus en croix comme la source de l'eau vive (Jn 19,34). La demande faite par Jésus à la Samaritaine renvoie à celle de la Croix (19,28) qui est l'accomplissement du psaume 69,22. La mention de la sixième heure complète peut-être l'évocation du sacrifice, car elle est l'heure liturgique de la mort de Jésus (Mc 15,33).

L'image introductrice de Jésus baptiste semble contredire Jean 3,22. En effet elle serait gênante si on assimilait Jésus à un simple baptiste. Cette contradiction voulue demande au lecteur une réflexion. S'il est dit que Jésus ne baptise pas lui-même, c'est peut-être pour suggérer que le baptême chrétien est beaucoup plus qu'un rite de purification : c'est le mystère pascal, la mort et la Résurrection (voir note p. 101).

Ce récit est une catéchèse baptismale. Le puits mentionné dans le récit évoque, pour le chrétien, le baptistère sur lequel on a souvent gravé le Pasteur du psaume 23 abreuvant ses brebis.

L'infirme du bord de l'eau Jn 5, 1-18

L'eau, occasion de salut et de guérison, est déjà présente dans l'Ancien Testament. C'est le passage de la mer Rouge. C'est Naaman le lépreux guéri après sept immersions dans le Jourdain (2 R 5,14)... L'eau était le séjour du Léviathan, le grand serpent de mer, le Dragon (Ap 13,1), symbole des forces du mal. Dieu avait déjà vaincu la bête ponctuellement lors du passage de la mer Rouge (Ps 74,14). Il va la vaincre totalement par la mort et la Résurrection de Jésus Christ (Ap 20,2 et Jn 16,33).

Avant que Jésus Christ ne vienne, des guérisons ponctuelles se faisaient dans l'eau du bassin. Le bouillonnement est produit par le passage d'un ange qui libère le malade de son mal. La libération est désormais totale en Jésus Christ, comme l'évoque aussi le récit du paralysé en Mc 2,3 (voir note p. 98).

L'homme est totalement guéri, y compris de ses péchés (verset 14) à cause de l'Esprit Saint (Jn 1,33). Telle est la nouveauté du Salut en Jésus Christ par rapport à l'Ancienne Alliance. Elle est évoquée par le chiffre 38 qui correspondrait peut-être à la durée de la marche des Hébreux dans le désert (Dt 2,14) et qui symboliserait donc l'errance d'Israël.

Voici encore une catéchèse du baptême. La vraie piscine des Brebis est le baptistère (voir note ci-dessus). Le récit a lieu dans le cadre de la fête de Pentecôte qui célébrait le don de Dieu définitif caractérisant la fin des temps.

Lazare revit Jn 11, 1-54

Ce récit, ignoré des autres évangélistes, introduit à la mort et à la Résurrection de Jésus à deux niveaux. Le fait raconté, la revivification de Lazare, produit la condamnation à mort de Jésus. Tel est le paradoxe : celui qui se nomme « La Résurrection » (verset 25) et qui donne la vie, doit mourir. L'ironie du sort est soulignée par saint Jean.

Ceci nous introduit au second niveau : la théologie. Le récit semble anticiper les événements futurs. L'onction de Béthanie (Jn 12, 1-8) est rappelée (verset 2) et elle introduit à la mort et à la Résurrection du Seigneur. L'attente des deux jours (verset 6) évoque sans doute les vendredi et samedi saints. Ce sont ensuite les femmes, comme en Jn 20,16, qui reçoivent les premières le message de Résurrection qu'elles comprennent d'ailleurs mal (verset 24). La pierre du tombeau et la mention de la gloire (verset 40) sont des allusions à la mort et à la Résurrection du Seigneur.

L'événement est signe, comme partout dans l'évangile de Jean. Il évoque autre chose que les faits rapportés. Mais personne ne comprend. Les apôtres eux-mêmes ne parlent que de mourir, alors qu'il s'agit de vivre. Le lecteur, par l'action du récit, est mis dans une position semblable. Il risque en effet, comme les apôtres, d'en rester à l'anecdote et de ne pas comprendre la leçon qui a pourtant une importance primordiale pour sa vie.

L'arrestation Jn 11, 55-57 et 18, 1-13

La mention « de l'autre côté du torrent » pourrait faire penser à une traversée de l'eau. Serait-elle une allusion au passage de la Mer (Ex 14,15) ? Le mot « Nazaréen » renvoie à Nazareth, mais à l'époque il évoquait sans doute aussi le mouvement baptiste, d'où sa mention en Mt 2, 23 juste avant le baptême. La mort de Jésus est son vrai baptême, comme le passage de la mer a été celui de l'ancien Israël (voir note p. 101 et 103).

Les trois « C'est moi » ou plutôt « Je suis » successifs (même expression en grec) suggèrent la révélation du nom de Dieu au buisson ardent (Ex 3, 13-14). Devant cette parole divine, les gardes s'écroulent comme ceux qui venaient arrêter Elie sur sa montagne (2 R 1, 9-16).

Le roi Jésus Christ Jn 18,28 à 19,42

Les chefs juifs veulent se débarrasser de Jésus. Ils l'accusent de vouloir être roi contre César. Mais Pilate, fin renard, semble avoir déjoué la manœuvre. Il fait semblant de prendre au sérieux l'accusation (Jn 19,14 et 19,19). Il ridiculise alors les Juifs. La question est cependant posée au lecteur : « Jésus voulait-il être roi ? »

Jean « décolle » des faits. Le dialogue de Pilate et de Jésus tourne autour du mot « roi ». Pilate prend conscience que Jésus est roi, mais d'une autre façon. L'événement permet ainsi à saint Jean de nous faire accéder à une signification théologique.

L'image de Jésus vêtu de pourpre et couronné d'épines nous indique le genre de royauté revendiqué par le Seigneur. Mais cette image est incomplète. Il faut lui associer celle du Christ en gloire. Pour Jean, « élever de terre » évoque à la fois la Croix et le Ciel (Jn 12, 32-34).

Le partage des habits est une allusion à la prière d'Israël (Ps 22,19), ainsi que le « j'ai soif » (Ps 69,22 et 22,16). Le sacrifice du Seigneur accomplit les Ecritures. Jésus est le juste souffrant (voir note p. 109).

Jean fait mourir Jésus le jour de la Préparation de la Pâque (Jn 18,28 ; 19,14 et 19,31), à l'heure où, semble-t-il, on égorgait l'agneau pascal dans le temple. La phrase « ils ne lui brisèrent pas les jambes » évoque aussi l'agneau pascal à qui on ne devait pas rompre les os (Ex 12,46). L'image de l'agneau sacrifié, qu'on a déjà dans 1 Cor 5,7 et qu'on retrouve aussi dans Apocalypse 5,6 fait penser à Is 53,7. Enfin, la mention du sang qui coule du côté droit associe l'image de la source du Temple (Ez 47,1) à celles du sacrifice de l'Agneau, de l'eucharistie et du baptême.

La citation de Zacharie 12,10 est une invitation à contempler la Croix autrement que comme un échec, ce qui est le cas des impies qui en restent aux faits (Ps 35,21). Elle nous convie à chercher le sens de la mort du Juste. Elle nous incite à saisir la Résurrection à travers l'absurdité. Mystère pascal !

Le Tombeau vide Jn 20, 1-18

La mort et la Résurrection (Jn 19,41) se passent dans un jardin comme déjà l'arrestation de Jésus (Jn 18,1). On ne peut pas manquer de rapprocher ce jardin de la vigne que Dieu aime (Is 51,1). Mais la clôture est brisée et la vigne ravagée par les ennemis de Dieu (Ps 80, 13-14). Quand l'enclos sera-t-il réparé (Mt 21,33) ? Quand la vigne désertée redeviendra-t-elle jardin de Dieu, Eden, (Is 51,3 et Ez 36,35) et non pas la propriété de l'idolâtrie (1 R 21,2) ? Le Cantique des cantiques met en scène un Bien-Aimé qui dort et qui vient à l'aurore dans son jardin enclos (Ct 4, 12-16) « voir si la vigne bourgeonne » (Ct 6,11). Il est probable que Jean évoque ici ce vieux chant d'amour. Marie Madeleine en effet tente de retenir Jésus (Jn 20,17) comme le faisait la fiancée du Cantique (3,4), mais le Ressuscité disparaît comme le Bien-Aimé (Ct 5,6) qui n'est pas le jardinier.

Thomas Jn 20, 19-29

Le récit de Thomas est une Pentecôte, analogue à Ac 2,1 et Lc 4, 18-22. L'Esprit, le souffle de Dieu, descend sur les apôtres au soir de Pâques. La nouvelle création annoncée (Ez 37,9) ressemble à la première création (Gn 2,7) : Dieu met son souffle de vie en l'homme (Sg 15,11) de façon imprévisible (Jn 3,8) et irrésistible (Ac 2,4).

Thomas est l'exemple du disciple qui n'a pas reçu encore le Souffle, ce qui l'empêche de croire. Thomas n'est pas encore une création nouvelle (2 Cor 5, 16-17). Etant invité à mettre les doigts dans le côté de Jésus, il devient croyant car il peut toucher la source d'eau vive (Jn 19,34), qui évoque Ez 47,12 et Ex 17,6. Jésus est le Rocher du désert (du temple) qui donne l'eau (1 Cor 10,4). C'est en l'Esprit Saint seulement que nous croyons et que nous prions (Rm 8, 15-16).

La grande pêche Jn 21, 1-19

Il est probable que la pêche miraculeuse du début de la vie publique de Jésus (Lc 5) et celle qui suit sa mort (Jn 21) proviennent d'un même souvenir, mais Jean et Luc n'ont pas utilisé cette source de la même façon.

La barque contient sept apôtres, dont Nathanaël, docteur de la loi qui n'a rien d'un pêcheur (Jn 1,45). C'est beaucoup pour une petite barque de pêche. Le chiffre 7, que Jean aime souvent évoquer en répétant 7 fois le même mot dans un récit serait une allusion à la création de Dieu qui se poursuit. La pêche miraculeuse coïncide avec la Résurrection du Seigneur qui envoie son Esprit sur la terre (Ac 2,17). Les poissons représentent les hommes comme déjà en Lc 5,10. Ce sont les nouveaux baptisés qui sortent de l'eau (voir note p. 97). Cette pêche miraculeuse avait été annoncée en Ezéchiel 47,10. Les cent cinquante-trois gros poissons sont le nombre d'espèces recensées à l'époque dans les eaux de la Grande Mer (Méditerrannée) mentionnée par le prophète. Le filet qui ne se rompt pas (à la différence de Lc 5,6) évoque l'unité de l'Eglise. Comme la multiplication des pains de Mt 14,17, le repas qui suit la pêche rappelle l'eucharistie, cœur de la mission de l'Eglise.

Pierre est le personnage principal de l'apparition de Jésus sur le lac comme en Mt 14 (voir note p. 91). Saint Paul nous transmet la liste officielle des apparitions du Seigneur (1 Cor 15, 3-6). Curieusement, la première, celle dont Pierre est bénéficiaire, semble absente des évangiles. Ne serait-ce pas parce qu'elle est à la source de ce récit ?

Le dialogue entre Pierre et Jésus n'a plus seulement comme contenu la foi (Mt 14,31), ni la mission (Lc 5,10), mais la consécration de Pierre et de ses successeurs comme chefs de l'Eglise. N'oublions pas en effet que le premier apôtre était mort avant la rédaction de l'évangile de Jean comme le dit le verset 19. Pierre est ici plus que Pierre.

Les deux lumières Jn 11, 9-10

La lumière de ce monde, créée le quatrième jour (Gn 1,14), s'oppose à celle de Dieu qui jaillit le premier jour (Gn 1,3). La parabole joue sur les deux sens du mot. Pour les premiers chrétiens, Jésus, le Ressuscité du matin de Pâques, est la lumière qui apparut dans les ténèbres du péché (Jn 1,9 ; 3,9 et 12,46). A sa mort, cette lumière va disparaître pour un temps (Jn 12,35). C'est peut-être la mort de Jésus qu'évoque la parabole : tant que Jésus est là, les disciples n'ont pas à avoir peur. En revanche, à sa mort ils ont raison de craindre (Lc 22,36 et 53). Le retour du Christ sur terre est aussi représenté par une grande lueur qui embrase le ciel (Mt 24,27). L'image est ancienne (Is 9,1 et 60,1). Elle est la nuée lumineuse de l'Exode (13,22).

Le bon berger Jn 10, 1-6

Jérémie (23,1-34) et Ezéchiel (34,1-31) ont raconté la venue d'un berger qui rassemblera les brebis perdues. Le second Isaïe annonce aussi l'arrivée d'un pasteur qui, tel Moïse, prendra la tête du troupeau pour un nouvel Exode (Is 49, 9-10). Les premiers chrétiens ont vu dans le Christ ce pasteur des brebis qui conduit les hommes aux eaux du repos (Ps 23 et Ct 1,7). Jean a développé par ailleurs l'image de Jésus Agneau pascal (voir note p. 113). Notamment dans le récit du Baptême (Jn 1,29) et dans l'Apocalypse (14,1). Jésus est le bon berger parce qu'il a lui-même expérimenté la vie d'agneau par son Incarnation. Il appelle ses brebis chacune par son nom comme pour Marie Madeleine (Jn 20,16) parce qu'il est Dieu (Is 49,1).

8. SAINT MARC

L'aveugle de la ville Mc 8, 22-26

Marc utilise ce miracle comme transition entre les deux multiplications des pains et la profession de foi de Pierre.

La première multiplication des pains est proposée aux Juifs, la seconde aux païens. Marc veut évoquer l'ouverture progressive de la foi juive au monde entier, ce que Luc développera dans les Actes des Apôtres. L'eucharistie, représentée ici par les pains, soulève l'incompréhension et l'incroyance de tous (Mc 8,21). Mais Jésus va guérir de l'aveuglement.

La scène se passe à Bethsaïde, à l'est du lac comme pour la seconde multiplication des pains. Jésus, nouveau Moïse (Ex 14,21), traverse la mer dans la « barque de Pierre », nouvel Israël (Mc 8,13). Evocation du mystère pascal ! (Voir note p. 91). Ce côté du lac symbolise chez Marc le pays païen, une terre d'évangélisation (Mc 7,24 et 31 rappelant Is 23). L'aveugle de Bethsaïde, comme le sourd bègue (Mc 7,32), représente l'homme victime du mal. Jésus s'y prend à deux fois pour le guérir. Il avait aussi fallu deux multiplications des pains. Ce demi-échec est lié au manque de foi général.

Jésus d'ailleurs, comme Elisée (2 R 5,11), ne fait pas ce que les gens attendent. Il commence par faire sortir l'aveugle de son milieu et, seulement après, il utilise de la salive et lui impose les mains. Saint Jean (9,6) soulignera davantage cette allusion à Gn 2, 6-7 : Jésus réalise la nouvelle création de Dieu annoncée en Is 42,7.

La guérison de l'aveugle invite le lecteur à ouvrir lui-même les yeux pour écouter ce qui va suivre.

Pierre ne comprend pas Mc 8, 27-38

Marc souligne l'incompréhension des disciples à l'égard de Jésus (6,52 ; 7,18). Pierre, le premier disciple, semble être le premier aveugle : il ne comprend rien. Cet aveuglement annoncé en Is 6,9 symbolise la suffisance de l'homme (Gn 2,5). Saint Jean le soulignera à la fin du récit de l'aveugle-né (Jn 9, 40-41). (Voir note p. 102 et 106).

Pierre dit à Jésus la bonne réponse : « Tu es le Christ », mais il ne sait pas ce qu'il dit. Il est aveugle. Jésus le traite alors de Satan. Dans Marc, les démons « savent » (comme en Mt 4,5) mais Jésus les fait taire (Mc 3, 11-12). Il est en effet nécessaire de vivre soi-même le mystère pascal pour le comprendre de l'intérieur. D'où la parole de Jésus : « Passe derrière moi », c'est-à-dire « imite-moi, porte ta croix ». Le chemin unique de la Résurrection passe par l'acceptation de notre condition d'homme éclairée par l'amour.

Jésus transfiguré Mc 9, 2-8

La présence de Pierre, Jacques et Jean, disciples les plus importants, évoque comme en

Mc 5,37 et 14,33, le centre de la foi, la Résurrection. Jésus monte avec eux (comme en Ex 24,1) sur une haute montagne où, tel Moïse (Ex 33,21), il sera en présence de la gloire de Dieu. Tel Moïse (Ex 34,29), il rayonnera. La mention des six jours se trouve aussi en Ex 24,16 : Dieu apparaît à Moïse le septième jour, dans la nuée.

La communauté chrétienne de Marc lisait peut-être ce récit à la fête des Tentes, plus justement appelés fête des Tabernacles (voir note p. 107). La mention des trois tentes (verset 5) en serait un indice, mais celles-ci semblent plutôt s'opposer à la nuée qu'est la tente que Dieu propose aux hommes (Is 4, 5-6). La haute montagne, le nouveau Sinaï (comme en Mt 5,1 et 15,29), pourrait représenter le ciel où Jésus est désormais roi (2 P 1,18).

La mention de Moïse et d'Elie, résumant à eux deux la loi et les prophètes, c'est-à-dire l'Ancien Testament, rappelle qu'ils ont, eux aussi, fait la même expérience de Dieu sur la montagne. Serait-ci aussi un écho de la vision de Daniel (Dn 7, 9-14) ? Ce récit évoquerait alors l'intronisation du Fils de l'homme au milieu des nuées (verset 7) : allusion à la mort et à la Résurrection.

Les trois apôtres semblent avoir été ainsi baptisés, c'est-à-dire plongés dans la nuée (1 Cor 10,1). La suite du récit explicitera le lien avec le sacrement que Paul définit ainsi : « Nous avons été ensevelis avec Jésus par le baptême de la mort » pour ressusciter avec lui (Rm 6,4). Dans Matthieu (3,16) et Luc (3,22), le baptême de Jésus a d'ailleurs des points communs avec la Transfiguration.

La grandeur cache Mc 9, 30-37 et 10, 13-16

Une seconde annonce de la passion introduit un premier conseil de Jésus à ses disciples dans la maison (voir note p. 98). Il s'agit de l'humilité. En fait c'est bien plus que cela. Accueillir un petit enfant, c'est accepter tous ceux qui ont le même Père (qui disent : « Notre Père »). Les différences de race et de culture ne doivent pas être obstacles à l'accueil. Avons-nous ici une trace des difficultés qui se vivaient déjà dans cette communauté où cohabitaient des chrétiens d'origines diverses ?

L'humilité et l'accueil s'enracinent dans le mystère pascal : Jésus, semblable au serviteur souffrant (Is 53), dévoile la voie étroite (Ps 1 et Mt 7, 13-14). Le Ressuscité ne se découvre qu'en acceptant cette vie apparemment absurde (I Cor 1, 17 à 2, 9). Mais les disciples ont toujours eu du mal à suivre la Voie ; (nom que se donnaient les premiers chrétiens Ac 9,2). Déjà au temps de Jésus (Mc 10,13), les disciples rejetaient les « petits » qui se présentaient.

La richesse cache Mc 10, 17-31

Jésus donne un autre conseil : donner son argent aux pauvres. S'attacher à l'argent, c'est choisir un autre dieu et on ne peut pas servir deux maîtres à la fois (Mt 6,24). L'homme s'attache à une quantité de faux dieux qui le détournent du seul vrai Seigneur (1 Cor 8, 5-6). Malgré notre soi-disant monothéisme, ne sommes-nous pas polythéistes ? Marc souligne la stupéfaction des disciples invités à suivre cette règle de vie en abandonnant le dieu-argent. Ce conseil de vie évangélique dépasse le précédent en difficultés. L'aide de Dieu est indispensable.

La voie étroite Mc 10, 32-45

La marche de Jésus et des disciples vers Jérusalem est ponctuée par une troisième annonce de la mort et de la Résurrection. Celle-ci introduit un dernier conseil, le plus difficile de tous, les chefs doivent servir jusqu'à la mort (Jn 13, 12-15). Jésus va être roi par sa passion et sa Résurrection. Ses ministres devront lui ressembler en buvant le même calice et en recevant le même baptême. Le don de la vie, semble être surtout demandé aux meilleurs de la communauté. Pierre n'est pas mentionné comme ailleurs à côté de Jacques et Jean, peut-être parce qu'il avait déjà reçu le baptême du sang (voir note p. 115). La communauté de Marc était bien placée pour le savoir puisqu'elle semble avoir été celle de Pierre.

Dieu caché Mc 14, 53-65

La comparution nocturne de Jésus devant le Sanhédrin pose un problème. Pourquoi ce conseil se réunit-il une seconde fois le lendemain matin (Mc 15,1) alors que l'affaire avait été jugée ? Pourquoi le récit interrompt-il curieusement le reniement de Pierre qui semble coupé en deux (on peut passer directement du verset 54 au verset 66,b) ?

Marc aurait-il introduit ce jugement nocturne après coup, pour exprimer un message théologique ? En effet, il reprend le jugement du serviteur (Is 43,8-12). Le récit commence par la déposition des témoins. Ceux-ci répètent la parole de Jésus sur le temple que saint Jean (2,21) expliquera. Cette parole est considérée par les Juifs comme faux témoignage. Prise à la lettre, elle est en effet absurde. Ensuite Jésus dévoile son identité : « Je Suis », nom de Dieu révélé au buisson ardent (Ex 3,14), ce qui le condamne à mort. Des membres du Sanhédrin recouvrent alors le visage de Jésus d'un voile, puis se mettent à le gifler.

Dans ce nouveau procès, les chefs juifs sont les accusateurs. Ce sont eux qui condamnent Dieu à mort. Ils n'ont pas compris la parole sur le temple qui était un vrai témoignage. La vérité surgira avec la Résurrection qui mettra fin à l'ancien culte en déchirant le voile (2 Cor 3, 16-18).Moïse portait aussi un voile sur son visage pour ne pas gêner les enfants d'Israël (2 Cor 3, 13-16). Les enfants d'Israël mettent un voile sur Jésus, Serviteur souffrant (Is 53, 2-3), parce qu'ils ne peuvent pas supporter son aspect. On ne peut pas voir Dieu sans mourir, disait l'Ancien Testament (Ex 33,20). C'est encore vrai quand Dieu a les traits du juste souffrant devant qui on « se voile la face » (Is 53,3). Le voile qui cache Jésus n'est-il pas comme la nuit du Sanhédrin ?

Jésus ressuscité Mc 16, 1-8

Le verset 2 n'est peut-être pas seulement une description. En effet, le Christ ressuscité est parfois associé au soleil levant. N'a-t-on pas là une trace de l'influence du calendrier astral sur le christianisme primitif ? Chaque jour de la semaine était mis sous la protection d'un astre et le dimanche était le jour du soleil. Il aurait été rapproché du jour de la lumière (voir note p. 94). Des Pères de l'Eglise développeront le symbolisme du Christ « soleil », expression de Luc 1, 78 et Mt 5, 45.

C'est un jeune homme vêtu d'une robe blanche qui accueille les femmes au tombeau. Ce personnage évoque bien sûr le monde céleste (Ap 6, 11). Ne suggérerait-il pas l'état du nouveau chrétien venant de revêtir la robe baptismale (Rm 13, 14), signe de sa nouvelle appartenance ? Ce jeune chrétien proclame la foi de l'Eglise (verset 6). Il semble qu'on retrouve ce même jeune homme, mais dans son état précédent, en Mc 14,52. Comme Pierre, il n'a pas encore été « recréé » par l'Esprit parce que le Christ n'est pas ressuscité. Il n'a pas encore reçu la force de proclamer.

Aurait-on là trace d'une liturgie qui se serait déroulée au tombeau au tout début de l'Eglise ? Un nouveau baptisé inciterait les participants à ne pas utiliser le tombeau comme un monument aux morts, mais à aller chercher le Ressuscité en Galilée, c'est-à-dire dans leur vie (voir note p. 97). C'est une hypothèse.

Conclusion

La profession de foi de Pierre lui a été soufflée par Dieu. La suite montre que l'apôtre n'a rien compris et que Satan le tient encore sous sa domination, d'où l'apostrophe de Jésus. Cette profession se situe au centre de l'évangile de Marc dont elle ouvre la seconde partie, l'enseignement aux disciples de la sagesse à pratiquer (voir note p. 95).

La Transfiguration suit la première annonce de la Passion dont elle donne la clé de lecture : nous avons à rencontrer le Christ un peu comme les apôtres, dans la nuée et sur la montagne, ponctuellement et comme par éclairs. A l'issue de l'expérience du Ressuscité, tout redevient comme avant (Mc 9,8). Ainsi la lumière se dévoile-t-elle à ceux qui « s'élèvent » en vivant obscurément les conseils évangéliques, une certaine mort, dans la nuit du monde.

Initialement, la seconde partie de l'évangile de Marc, semble-t-il, se terminait en 16, 8 avec l'annonce des apparitions du Christ en Galilée et la fuite des femmes apeurées. La liste des apparitions qui suit aurait été ajoutée plus tard. Ainsi les catéchumènes étaient-ils conviés à aller eux-mêmes rencontrer le Ressuscité en Galilée c'est-à-dire, pour Marc, dans la vie chrétienne. Ils le peuvent s'ils vivent l'Evangile à la manière de Jésus. Un tel procédé littéraire réduit sans doute l'importance des apparitions du Ressuscité, mais il a l'avantage de mieux concerner les chrétiens. Nous sommes en effet conviés à chercher Jésus Christ et à le découvrir en nous et parmi nous sous l'action de l'Esprit donné au baptême.

La Transfiguration est comme un baptême dans la nuée (1 Cor 10,2). La proclamation finale (Mc 9,7) est une irruption de l'Esprit bien que son nom ne soit pas mentionné. Les trois annonces de la Passion, liées au baptême, ne correspondent-elles pas aux trois immersions de la liturgie baptismale primitive ? La première, qui se faisait au nom du

Père, est associée à la première série de conseils évangéliques : le catéchumène est invité à se purifier du démon et à prier (Mc 9,29). Il retrouve alors son état de fils de Dieu. La deuxième immersion, qui se faisait au nom du Fils, invite le catéchumène à ne suivre qu'un seul Seigneur (1 Cor 8, 5-6), à abandonner les faux dieux de l'orgueil, de la puissance et de l'argent (Mc 9,33 à 10,31). La troisième immersion, qui se faisait au nom de l'Esprit, est associée aux conseils ultimes de vie chrétienne : les meilleurs de la communauté sont appelés à vivre jusqu'au bout le baptême et l'eucharistie (Mc 10, 38-39). Ainsi la catéchèse de Marc intègre-t-elle la vie évangélique à la vie sacramentelle : nous devons vivre la mort pour ressusciter avec le Christ (Rm 6, 3-4). (Voir note p. 100).

9. SAINT LUC

La langue de Dieu Ac 2, 1-36

Luc situe ici la Pentecôte cinquante jours après Pâques et non le dimanche de Pâques comme Jn 20,22 et Lc 24,25. Ce n'est pas contradictoire car il semble, qu'avant le quatrième siècle, la Pentecôte ait été une période de réjouissances de cinquante jours. C'était le temps de la moisson. Il commençait avec l'offrande de la première gerbe (Lv 23,10) et se terminait sept sabbats plus tard (Lv 23, 15-16). La moisson était donc le signe d'une moisson spirituelle (Jn 4,35 et Lc 6,1) qui commençait avec la Résurrection du Christ, « première gerbe » offerte au Père et même « pain » unique (Mc 8,14) de la barque « Eglise ».

Cette moisson, anticipant la grande moisson de la fin des temps (Ap 14,15) est animée par le Souffle de l'Esprit. C'est le moment de l'évangélisation et de la conversion de tous les hommes touchés par la prédication de la Parole, de Pierre d'abord, des apôtres ensuite, et des chrétiens ayant reçu l'Esprit.

Les langues, dites de feu, sont une allusion à cette force de la Parole de Dieu communiquée aux hommes. Le feu de Dieu (Dt 5, 4-5) est donné à tous. Telle est la caractéristique des temps nouveaux (verset 17). Moïse déjà l'évoquait (Nb 11, 24-29).

Alors que la tour de Babel raconte comment Dieu brouille les langues de ceux qui veulent construire un monde sans lui, la Pentecôte lance la construction d'une communion des hommes en Dieu (Ac 2,42 et 1 Cor 12, 4-11). La Parole de Dieu est efficace (Is 55, 10-11).

Saül voit la lumière Ac 9, 1-19

Saül est pris, à son tour, après les apôtres sous le feu de Dieu, qui lui donnera la force de la parole (I Cor 2,4) que le Seigneur donne aux prophètes (Ex 4,10. Jr 1,6).

La lumière venue du ciel ressemble fort à la nuée de l'Exode (Ex 13,22) et à celle qui enveloppe les bergers d'Israël (Lc 2,9). Saül, pasteur lui-même, n'est-il pas appelé au service de l'Evangile ?

Comme Daniel en exil (Dn 10,7), Saül est choisi parmi ses compagnons qui ne comprennent pas ce qui lui arrive, bien qu'ils entendent la voix. Ceci peut nous faire penser au peuple juif (à tout homme ?) qui refuse de se convertir bien que la voix de l'Evangile retentisse (Rm 10,18).

Les trois jours sans boire ni manger évoquent les trois jours saints précédant la Résurrection dont Paul est bénéficiaire.

Par le baptême, Saül reçoit l'Esprit Saint et recouvre la vue perdue par Israël depuis longtemps (Is 6,9). Il devient capable de comprendre l'Ancien Testament (2 Cor 3,14-18) et de saisir le lien entre l'antique Promesse (Lc 1,55) et Jésus Christ.

La fin de l'esclavage Ac 16, 1-38

Luc développe dans les Actes un parallèle entre Pierre et Paul comme il l'avait déjà fait dans son évangile de l'enfance entre Jean et Jésus. Il veut montrer par là la qualité d'apôtre de Paul, comparable à celle de Pierre déjà illustre. Ce récit est le pendant d'Ac 12, 1-9.

La scène a lieu de nuit (versets 25 et 33) comme le passage de la Mer Rouge (Ex 14,20). Les gens de l'extérieur ne voient rien. Ils ne font que constater un fait. Le salut se réalise dans la prière et lui reste comme intérieur. Luc lie toujours le don de l'Esprit à la prière (Lc 11,13).

C'est précisément l'Esprit qui fait écrouler les prisons et qui libère l'homme des liens qui l'enchaînent (Jn 20, 22-23). Déjà Dieu avait sauvé son peuple de l'esclavage « à main forte et à bras étendu » (Dt 26,8) comme dans l'imposition des mains. Mais tandis que le Pharaon et les Egyptiens avaient succombé au premier salut, le geôlier, nouveau Pharaon, est sauvé de la mort à laquelle il se destinait. La parole de Paul arrête le geste fatal. Le geôlier se convertit. Il demande la lumière (verset 29) et le salut. Il devient serviteur, sens du baptême évoqué en Jn 13, 1-15 écho de Is 42,1. Il est baptisé immédiatement. La mention de la table (verset 34) peut être rapprochée de l'eucharistie.

10. SAINT MATTHIEU

Nous avons réservé une place à part au récit des Mages parce qu'il est d'un genre littéraire très particulier. C'est un midrash : prolongement d'un récit de l'Ancien Testament actualisé d'une façon bien curieuse pour des Occidentaux. Au lieu d'employer les mots de tous les jours pour le commentaire, on habille l'actualité avec le décor et les personnages d'un récit de l'Ancien Testament. On veut montrer par là que l'histoire se prolonge et que l'Ecriture est en train de se réaliser.

Le midrash des Mages, écrit vers 80, est construit à partir de l'histoire de l'ânesse de Balaam (Nb chap. 22 à 24). Un astre est annoncé par le Mage Balaam. On croyait à l'époque qu'une étoile apparaissait dans le ciel à chaque nouvelle naissance. Le lever d'une grande étoile (Nb 24,17) signifie donc la naissance d'un roi comme en Is 14,12. Le sens du récit est clair : Le roi promis est né, c'est Jésus Christ.

Les Mages ont souvent été appelés « rois-mages » par l'influence de la liturgie. Nous avons l'habitude en effet d'entendre le grand texte d'Isaïe 60 qui complète bien l'annonce de Balaam.

Mais les Mages ont-ils vraiment existé ? Certes oui, mais pas sous cet habit. Quels sont les personnages réels qui se cachent derrière l'habillage symbolique ? Ce sont les hommes du monde entier qui, dès le milieu du premier siècle, se sont convertis en masse à Jésus Christ. Ce sont eux qui lui rendent un culte avec l'or, la myrrhe et l'encens. Autrement dit, nous sommes les Mages.

Mais nous, nous n'avons pas vu le bébé « Jésus ». En revanche nous sommes témoins du « premier-né » d'entre les morts (voir note p. 94), témoins du Ressuscité. L'astre qui brille au-dessus de Bethléem n'est autre que « l'étoile radieuse du matin » (Ap 22,16), le soleil du matin de Pâques (Lc 1,78), le feu de de la nuit pascale. La mention de la myrrhe, parfum d'embaumement nous met d'ailleurs sur la voie de cette contemplation.

Nous avons dû passer par Jérusalem, c'est-à-dire par les Juifs, pour découvrir le Messie. Mais devenus capables de contempler par nous-mêmes le Ressuscité, nous n'avons plus besoin d'emprunter ce chemin-là. Jésus Christ accomplit totalement les Ecritures (Mt 5,17).

Il faut enfin noter que le choix de l'Eglise de fêter Noël le 25 décembre est lié au soleil, « astre du matin ».

Le 25 décembre, ancienne fête iranienne du soleil, est le solstice d'hiver. A cette date le soleil se rapproche et grandit : la lumière augmente jusqu'à la grande clarté de la Résurrection.

La naissance terrestre de Jésus trouva son sens dans sa naissance au ciel, dans sa Résurrection.

Tel est le mystère de l'Incarnation.

TABLE DES MATIÈRES

Achevé d'imprimer en juillet 1991
par l'imprimerie Campin — Tournai — Belgique
N° d'édition 91192